열여덟을 위한 세계 혁명사

# 열여덟을 위한 위한

영화를 들여다보며
세계 혁명사를 함께 읽다

# 세계 혁명사

오준호 지음

알렙

# 혁명의 역사, 역사 속 혁명을 공부하는 이유

저는 혁명의 역사를 공부하고 강의해 왔습니다. 그런데 '아, 내가 왜 이걸 공부하고 있나' 하는 회의감이 들 때가 있었습니다.

우선, 도대체 성공한 혁명이 별로 없기 때문입니다. 혁명이 기존의 정치 체제와 사회 질서 전반을 완전히 변모시킨다는 의미라면, 성공한 혁명은 프랑스 대혁명을 제외하고는 거의 없습니다. 다른 혁명은 그 정도 과업을 이루는 데 실패했거나, 일시적으로 성공했더라도 처음의 이상과 다른 엉뚱한 방향으로 변질되고는 했습니다. 다음으로, 혁명은 엄청난 피를 요구합니다. 이 책에 등장하는 사건만 세어 봐도 희생자가 수백만 명에 이를 겁니다. 억압자와 지배자가 순순히 물러가지 않으니 저항은 피범벅이 되고, 함께한 혁명 동지들끼리도 때때로 죽고 죽였습니다.

또 하나는, 혁명이 앞으로 일어날 가능성이 있느냐 하는 것입니다. 제 강의를 들은 여러 수강생들은 "선생님, 혁명의 역사는 참 재미있는데요, 우리 사회에 그런 변화가 과연 일어날 수 있을까요?"하고 묻습니다. 자본주의 체제에서 빈부의 격차는 점점 벌어지고 환경은 파괴되며 곳곳에서 전쟁이 일어나지만, 저항의 소식은 너무나 약합니다. 많은 사람들이 오로지 '자기 계발'과 '힐링'에 매달리며 사회의 구조적 문제를 외면하는 것처럼 보입니다.

이러니 혁명의 역사를 오늘날 공부한다는 게 무슨 의미가 있는지 회의가 드는 것도 당연합니다. 하지만 곰곰 생각해 보니, 그렇지 않았습니다. 여전히 역사 속 혁명, 혁명의 역사를 알아야 할 중요한 이유가 있었습니다.

첫째, 역사를 개별 사건들로 보지 말고 긴 맥락으로 본다면, 성공과 실패를 떠나 모든 혁명적 사건들은 인과의 사슬을 이루면서 '인류 진보'라는 장엄한 과정을 보여주기 때문입니다.

19세기 프랑스 탄광에서 벌어진 노동자들의 파업은 나폴레옹 3세의 군대에 진압당하지만, 그 사건은 유럽 노동운동이 성장하는 데 영향을 주었고 유럽 노동운동은 20세기 초 사회민주주의 정권이 수립되는 기틀이 됩니다. 1917년 러시아 혁명은 사회주의적 이상을 실현하는 데 실패하였지만, 국가가 국민에게 사회적 책임을 진다는 복지국가의 철학을 세계에 퍼뜨렸습니다. 1968년 베트남 민족해방전선은 남베트남을 장악한 미군에게 총공세를 가했다가 결과적으로 미군보다 열 배 넘는 희생을 내고 퇴각하였습니다. 하지만 미 대사관까지 일시 점령하고 민족해방전선의 깃발을 휘날렸을 때, 그 장면을 TV 뉴스로 목격한 서유럽 청년들은 거리로 쏟아져 나가 베트남전 반대 시위에 동참했습니다. '68혁명'이라 불리는 여러 나라의 반전운동은 어떤 정부도 몰아내지 못하고 막을 내렸지만, 68세대는 사회에 진출해 반핵운동, 여성권리운동, 풀뿌리주민운동을 일으켰습니다. "장강의 뒷물이 앞물을 밀어낸다"는 속담처럼, 과거 한 시점의 실패는 긴 맥락에서 볼 때 역사 진보의 한 부분을 이룹니다. 이 장구한 역사적 과정은 오늘날 '신자유주의'라는 자본 독재에 대한 저항운동으로 이어지고 있습니다.

둘째, 표면적으로 역사는 '정권 교체'나 '법제도 개혁' 같은 사건에 의해서만 변하는 것처럼 보이지만 그보다 훨씬 복잡한 내부 동학(動學. dynamics)을 갖고 있기 때문입니다. 역사가 멈춰 선 듯 보일 때에도 실상은 움직이고 있다는 이야기입니다. 비유하자면, 하늘을 나는 새가 어느 순간 정지해 있는 것처럼 보이는 것은, 눈에 보이지 않는 맞바람이 새의 진로를 막기 때문입니다. 새는 뒤로 떠밀리지 않기 위해 필사적으로 날갯짓을 하고 있습니다. 이 순간, 새의 '정지'는 순조롭게 날아가는 것보다 더 커다란 에너지를 분출합니다.

마찬가지로, 역사의 매순간에도 사회경제적 조건, 제도의 효과,

사람들의 습관과 심리, 행동과 시행착오가 상호작용하며 인류의 진보를 결정합니다. 역사가 더 나은 상태로 나가길 중단한 듯 보여도, 역사를 변화시키는 힘은 여전히 '저 아래에서' 작동하고 있습니다. 이 책 8장에서 '베네수엘라 혁명'을 다루었는데, 최근 베네수엘라에서는 심각한 경제 위기를 등에 업고 보수파가 총선에 승리하였습니다. 세계가 주목한 베네수엘라 혁명에 의도적으로 무관심했던 한국 언론은 갑자기 '차베스 포퓰리즘의 추락'이라며 대서특필합니다. 하지만 차베스 집권 기간 기득권 세력과 투쟁하며 쑥쑥 성장한 민중운동과 참여민주주의에 주목한다면 보수파의 의도가 간단히 관철될 수 없으리라는 점을 충분히 예상할 수 있습니다.

한 마디로, 혁명의 역사에 관심을 가져야 하는 이유는, 지금 우리가 선 세상이 어떻게 만들어진 것이고 어디로 가고 있는지 알기 위해서입니다. 역사는 성공하고 실패한 '모든' 혁명을 거쳐 자유와 평등, 인권과 민주주의, 독립과 주권의 세계를 만들어 왔습니다. 조금 늦고 빠른 차이는 있을지언정 이 변화의 흐름은 뒤돌아가지 않을 것입니다. 역사가 그렇게 말해 주고 있습니다. "혁명이 일어날 것이냐"는 사실 그렇게 중요한 질문이 아닙니다. 혁명은 한두 탁월한 인간이나 세력, 한두 가지 원인으로 일어나지 않으며 그런 식으로 예측할 수도 없습니다. 빗방울이 모이고 모여 거대한 흐름이 되듯 혁명적 변화는 누적된 인간 행동의 결과일

따름입니다. 평범한 사람들의 행동 하나하나가 역사 진보의 주역이라는 이야기입니다. 그 흐름에 참여해, 더 나은 세상이 더 빨리오도록 우리의 작은 힘을 보탠다면 멋진 일일 겁니다.

이 책은, 혁명의 역사를 영화라는 매체를 도구 삼아 재미있게들려주는 게 목적입니다. 길게는 수백 년 전 사건이라 그 시대의'이미지'를 떠올리기가 쉽지 않은데, 영화는 좋은 길잡이 노릇을합니다. 제가 고른 영화들은 역사의 고증에 충실하면서 그 사건에 참여한 사람들이 고민한 딜레마를 정직하게 다루고 있습니다.

가령 프랑스 대혁명의 지도자 로베스피에르와 당통이 "혁명을밀고 나가기 위해 공포정치를 계속 할 것인가, 이쯤에서 멈출 것인가"를 놓고 격론하는 장면, 스페인 혁명에서 민병대원들이 "파시스트와의 싸움이 급하므로 토지개혁은 미룰 것인가, 시행할 것인가"를 놓고 토론하는 장면은 이 사건들을 건조하게 다룬 역사책에서는 찾을 수 없는 부분입니다. 나는 이 책에서 사건의 역사적 맥락과 사회적 배경을 설명하면서, 영화의 도움을 받아 당대사람들의 절박한 딜레마도 다루고자 했습니다. 역사를 '지나고나서' 평가하는 게 아니라 그때 그 사람들의 입장에 서서 느끼고고민해 볼 것을 권합니다.

이 책에서 영화를 너무 적게 다루는 게 아니냐고 아쉬워하실분들이 있을 것 같은데, 영화를 활용하기는 하지만 이 책은 아무

래도 '역사'가 중심입니다. 역사를 이해하기 위해 영화를 소재로 쓸 뿐입니다. 소개한 영화는 직접 찾아 감상해 보기를 권합니다. 여덟 편의 사건만으로 한정한 것이 아쉬운 분들도 있을 듯합니다. 적절한 분량에 맞추느라 그리 되었다는 말씀으로 양해를 구합니다.

68혁명 당시 파리의 청년들은 벽에 이런 낙서를 썼습니다.

"보도블록을 들어내라. 그 아래 바다가 있다."

사방팔방 자유롭게 갈 수 있는 바다가 있는데, 그 위에 보도블록을 깔고 정해진 길로만 다니는 삶이 과연 자유로울까요. 하나의 길만 가리키는 보도블록을 들어내고 자유의 바다를 헤엄치는 꿈, 그 꿈을 함께 꾸면 어떨까요?

2016년 1월

오준호

# 목차

**서문**  혁명의 역사, 역사 속 혁명을 공부하는 이유  4

**첫 장.**  다음은 당신이야, 로베스피에르!
**1789년 프랑스 대혁명과 영화 「당통」**  12

**둘째 장.**  쏴라! 날 죽이면 만 명을 다 죽여야 할 거다
**19세기 노동운동과 사회주의, 영화 「제르미날」**  36

**셋째 장.**  잭, 이 전쟁의 의미가 뭐라고 봅니까?
**1917년 러시아 혁명과 영화 「레즈」**  60

**넷째 장.**  그 발 냄새를 프랑코와 맞설 무기로 써도 되겠소!
**1936년 스페인 내전과 영화 「랜드 앤 프리덤」**  88

**다섯째 장.** 인도양의 소금은 인도인의 것이오!

**1930년 소금행진과 독립투쟁, 영화 「간디」**                        114


**여섯째 장.** 인민은 물이요 홍군은 물고기다

**1934년 대장정과 중국 혁명, 영화 「건국대업」**                    140


**일곱째 장.** 무관심에 항의하고자 백화점에 불을 질렀습니다

**베트남전 반대 운동과 68혁명, 영화 「바더-마인호프」**            168


**여덟째 장.** 이 정부는 여러분의 정부, 민중의 정부입니다

**차베스와 베네수엘라 혁명, 영화 「볼리바리안 혁명」**            194

# 다음은 당신이야, 로베스피에르!

## 1789년 프랑스 대혁명

「당통」(1982)
안제이 바이다 감독, 제랄드 드 파라디유 주연

# Scene

1794년, 공화정 2년. 끼익 끽 금속의 마찰음처럼 들리는 음악이
음울하게 깔린다. 비 내리는 궂은 날씨, 파리 성문 입구에서, 빨간
모자를 쓰고 창을 든 상퀼로트(상퀼로트: 도시 민중. 귀족이 입는
반바지 '퀼로트'를 입지 않아 상퀼로트라 불렸다.) 민병대가 오가는
마차와 수레를 조사하고 있다. 수레에 실린 장작더미를 창으로 쿡쿡
찔러 본다. 마차에 탄 사람에게는 통행증 제시를 요구한다. 민병대끼리
외친다.

"뭐든 그냥 보내면 안 돼! 철저하게 살펴!"

한 민병대원이 마차 창문을 열고 안을 들여다보더니 옆 대원에게
귓속말을 한다. 마차는 파리 시내로 들어간다.

마차는 혁명 광장을 한 바퀴 돈다. 광장 복판에는 비를 막느라
포장을 친 커다란 물체가 서 있다. 마차 창문으로 분칠한 가발을 쓴
젊은 남자의 얼굴이 비친다. 혁명가 당통이다. 그가 굳은 표정으로

바라보는 물체는 바로 단두대다. 포장 사이로 커다란 삼각형 칼날이 괴물의 이빨처럼 드러난다.

혁명가 로베스피에르의 집. 한 여인이 어린아이를 목욕통에서 씻기면서 말한다.

"훌륭한 혁명가가 되려면 강해져야 해."

여인은 아이에게 '공화국의 교리문답'을 외워 보게 시킨다. 발가벗은 아이는 "1조 모든 사람은 자유롭게 태어났다……"라고 더듬더듬 외우다 막힌다. 아이가 주춤주춤 손등을 여인에게 내민다. 여인은 손등을 세게 때리고, 막힌 대목을 불러준다.

여인은 약병과 물을 챙겨 로베스피에르의 침대로 간다. 막 잠에서 깬 그의 얼굴은 창백하고 땀에 젖어 있다. 병 걸린 것처럼 보이는 지친 얼굴이다.

다시 파리의 거리. 시민들이 비를 맞으며 빵 배급을 기다리고 있다. 굶주림을 참고 긴 줄을 선 시민들은 왜 이리 빵이 부족한지 얘기를 나눈다. 조심스럽게 혁명 정부에 불만을 드러내기도 한다. 국민 방위군 병사가 망명을 시도하다 붙잡힌 귀족을 끌고 간다. 그는 혁명재판소를 거쳐 단두대로 갈 운명이다. "잘생겼네." 여인들은 낄낄댄다.

"당통이야! 그가 왔다!"

당통의 마차가 도착하자 시민들이 모여 그를 환호한다. 당통도 사람들의 손을 잡아 준다. 로베스피에르는 그의 집 창문에서 이 장면을 말없이 내려다본다.

이 영화의 주인공 조르주 자크 당통은 프랑스 혁명 정부를 이끈 영웅이자 자코뱅파의 3대 지도자 가운데 한 사람입니다. 다른 두 사람 중 장 폴 마라는 1793년 7월에 자코뱅의 정적인 지롱드파의 샤를로트 코르데이라는 여성에게 암살당했습니다. 또 한 사람인 막시밀리앙 로베스피에르는 혁명 정부의 지도자이자 '공안위원회'의 핵심 인물입니다.

영화는 공화력 2년인 1794년 봄, 당통이 파리로 돌아오면서 시작됩니다. 그는 두 번째 부인과 결혼식을 올리느라 잠시 파리를 떠나 있었습니다. 영화의 우울한 첫 장면은, 1789년 시작된 프랑스 대혁명이 어디선가 길을 잃었음을 암시합니다. 혁명에 동참한 민중은 엄청난 희생을 치렀지만 나아지지 않는 생활에 지쳐 있습니다. 그들은 당통에게 기대를 겁니다. 하지만 이런 당통을 경계하는 사람들도 있습니다. 영화에서 민중의 손을 활기차게 잡는 당통과 창백한 표정의 로베스피에르의 대조는 앞으로 이 두 사람의 갈등을 예고합니다.

영화의 줄거리는 독일의 급진적인 극작가 게오르크 뷔히너가 1835년에 쓴 희곡 「당통의 죽음」을 각색했습니다. 뷔히너는 농민 선동죄로 당국에 쫓기면서 도피 비용을 벌기 위해 이 희곡을 썼다고 하지요. 뷔히너의 작품이 당통과 로베스피에르 모두에게 비판적 거리를 두면서 혁명의 딜레마를 곱씹는다면, 영화 「당통」은 당통의 편에서 로베스피에르와 공포정치(1793년 10월부터 1794년 7월까지 자코뱅파가 실시한 독재 정치. 이 기간 약 1만 5천 명의 '반혁명 죄인'을 단두대에서 처형했다)를 비판하는 태도를 취합니다. 실제로 로베스피에르는 당통보다 한 살 많은 서른여섯 살인데, 이 영화에서는 당통보다 훨씬 나이 많고 지친 중년 남자처럼 나옵니다. 이런 묘사는 다분히 이 영화의 의도를 드러낸다고 볼 수 있습니다. 그 얘기는 뒤에 하고, 이 영화의 배경이 된 프랑스 대혁명으로 가 봅시다.

18세기 프랑스 사회를 풍자하는 그림. 농민의 허리에 성직자와 귀족이 올라타 유유자적하고 있다. 성직자는 1신분, 귀족은 2신분, 인구 대다수인 농민과 소상공인과 부르주아지는 3신분을 이루었다.

# Reading

**혁명에 관한 짧은 역사**
--------------------

1.

전하, 반란이 아니라
혁명입니다

　서울 잠실 롯데월드에 있는 롤러코스터 이름이 '프렌치 레볼루션'입니다. 놀이기구에 왜 '프랑스 혁명'이라는 이름을 붙였을까요? '레볼루션(revolution)'의 어원에는 천체의 회전, 순환이라는 뜻이 있습니다. 360도 회전하는 롤러코스터를 레볼루션이라 불러도 전혀 엉뚱한 것은 아니지요. 1649년 영국의 찰스 1세가 공화파에 의해 처형되는 청교도 혁명이 있었습니다. 그런데 나중에 공화 정부가 몰락하고 찰스 2세가 왕정복고를 단행합니다. 이 왕정복고를 레볼루션이라 불렀습니다. 별이 하늘을 도는 것처럼 왕이 잠시 물러났다 돌아온 것도 '순환'으로 여긴 것이지요. 청교도 혁명은 혁명이 아니라 '반역'으로 불렸습니다.

　그 뒤 레볼루션은 미국 독립 혁명을 거치면서 의미가 바뀌었지만, '과거와 철저한 단절'이라는 의미로 자리 잡은 것은 프랑스 대혁명부터입니다. 들어본 이야기겠지만, 바스티유 감옥이 민중에게 함락된 직후 잠든 루이 16세를 라 로슈푸코 추기경이 깨워 이런 대화를 나눕니다. 잠이 덜 깬 왕이 "뭐야, 반란인가?" 하자 추기경은 대답합니다. "아닙니다, 전하. 혁명입니다." 반란은 숱하게 반복된 일이고, 소란스럽더라도 금세 진압되고 수그러들었습니다. 그러나 추기경은 바스티유 함락이 왕국을 되돌아갈 수 없는 지점으로 몰고 간다고 느낀 것이지요. 혁명은 순환이 아닌 단절이며, 체제 내의 파괴 행위가 아니라 체제 자체를 파괴할 힘입니다.

그런데, 인류사에는 수많은 혁명이 있건만, 유독 프랑스 혁명만 '대혁명'이라고 부르는 것일까요? 그것은 프랑스 혁명이 우리가 발 딛고 있는 '근대'를 열었기 때문입니다.

저술가 고종석은 "우리는 모두 그리스인이다."라고 쓴 적이 있는데 그 말을 좀 바꿔 "우리는 프랑스 혁명의 자녀들이다."라고 해도 될 듯합니다. 서울대 서양사학과 최갑수 교수는 이런 비유를 듭니다. 가상으로, 우리가 로베스피에르와 정약용 선생을 모시고 간담회를 연다고 합시다. 거의 같은 시대에 살았던 두 사람 중 우리는 누구 말에 더 공감할까요? 아마도 로베스피에르의 말일 겁니다.

왜냐면, 그가 쓰는 표현에 우리가 더 익숙하기 때문입니다. 예

바스티유 감옥 함락되다. 1789년 7월 14일 파
리 부르주아지와 상퀼로트는 '전제정의 상징' 바
스티유 감옥을 부수고 들어갔다. 민중은 귀족인
수비대장을 처형하고 죄수를 풀어주었는데, 기
대했던 정치범은 없었고 광인과 범죄자 몇 명만
있었을 뿐이다. 그럼에도 이 사건은 프랑스 혁명
의 수레바퀴를 앞으로 거세게 돌리기 시작했다.

를 들어 시민, 인권, 공화국, 주권, 헌법, 자유, 평등, 소유권 등의 표현 말이지요. 정약용 선생의 사고에는, 비슷한 것이 있을지 몰라도 저런 단어들은 없습니다. 저런 단어들은 근대, 시민혁명과 자본주의의 산물입니다. 우리는 핏줄로는 정약용 선생과 가까워도 머릿속 소프트웨어로는 로베스피에르에 가깝습니다. 근대 사회는 정치적으로 자유주의와 입헌주의 위에, 경제적으로 자본주의 산업사회 위에 서 있습니다. 낡은 체제를 부수고 근대 사회의 건축물을 세운 사건이 프랑스 혁명이고, 그래서 대혁명으로 부릅니다.

프랑스 대혁명 이전의 사회는 '구체제(앙시앵 레짐, Ancien régime)'라고 불립니다. 물론 구체제에 살던 사람이 스스로 부른 건 아니고, 혁명 이후에 그렇게 규정된 것이지요. 구체제를 '봉건 사회'라고도 하는데, 봉건 사회는 크게 '신분'과 '교회'가 지배하는 사회입니다. 왕과 신민(臣民)이 구분되고, 고귀한 자와 평범한 백성이 나뉘었습니다. 왕을 제외한 신분은 크게 셋으로 나뉩니다. 1신분은 기도하는 사람(성직자), 2신분은 싸우는 사람(전사, 귀족), 3신분은 일하는 사람(농민, 장인, 상인, 각종 전문 기능인)이었지요. 3신분인 평민은 인구의 98%에 해당했는데, 일하고 세금을 내 왕국을 떠받쳤습니다. 2%에 불과한 1신분과 2신분은 '고귀한 직무'로 나라에 봉사한다고 여겨져 세금을 면제받고 토지를 하사받았습니다.

구체제에서 근대 사회로 가기 위해 '2중 혁명'이 필요했습니다. 2중 혁명이란 영국의 마르크스주의 역사학자 에릭 홉스봄이 쓴 말로, 부르주아 경제혁명과 부르주아 정치혁명을 가리킵니다. 영국에서 시작된 산업혁명이 부르주아 경제혁명이고, 프랑스 대혁명은 부르주아 정치혁명입니다. 그 두 혁명이 씨줄과 날줄처럼 근대 사회라는 옷감을 짜냈습니다.

## 2.
## 2중 혁명이
## 유럽을 바꾸다

유럽 지도를 보면 함부르크, 로텐부르크, 잘츠부르크, 상트페테르부르그 등 '부르그'나 '부르크'로 끝나는 지명이 많습니다. 부르그(burg)란 성, 도시를 가리키는 말입니다. 중세 도시는 디즈니 로고인 환상적인 성이 아니라 성곽으로 둘러싸인 작은 마을이었습니다. 중세의 요새나 시장이 최초의 중세 도시로 발달했고, 도시에 사는 사람들을 부르거(burgher)라 했습니다. 부르주아란 말이 여기서 나왔지요. 부르주아란 도시 사람, 도시민이란 뜻입니다. 역사학자들은 프랑스 혁명을 부르주아 혁명이라 부르고 이를 '시민혁명'이라고 번역하는 것도 그런 까닭입니다.

중세 도시의 부르주아는 오랜 세월에 걸쳐 상인, 은행가, 기업가,

●
로베스피에르와 당통의 만남. "인민의 행복을 방
해하는 건 누구라도 용서 못하오"라는 로베스피
에르에게 당통은 "당신이 인민의 행복에 대해 뭘
알아! 술도 안 먹고 여자와 자지도 않으면서!"
하고 소리친다.
＿사진 출처: 「당통」 중에서

법률가, 언론인, 의사, 교수 등으로 성장하면서 제3신분인 평민 내에서도 상층 세력이 됩니다. 평민의 나머지는 농민, 도시의 빵가게 주인, 시계공, 제화공, 재단사, 행상인, 일용 노동자, 날품팔이, 거리 예술가 등이었고 대체로 가난하고 교육받지 못했습니다. 부르주아는 위로는 1, 2신분인 특권층과 아래로는 하층 민중의 사이에 있어 중간 계급이라고도 했습니다. 부르주아는 재능이 뛰어난 이들이 많았지만 특권층의 시각에서는 다른 3신분과 본질적으로 똑같았습니다. '호박에 줄긋는다고 수박 되나?' 뭐 이런 시각이지요. 부르주아는 신분 상승의 욕망이 특권층에 의해 가로막히자 특권층을 비판했고, 그러면서 자신을 하층 민중과는 구분 지으려 했습니다. 양면적이었지요.

한편 영국에서는 프랑스 혁명 전인 17세기 중엽에 정치적 변혁이 일어났습니다. 영국은 전부터 왕권이 약하고 귀족들의 힘이 셌습니다. 왕이 왕권을 강화하려 들고 국교(성공회) 외의 종교를 탄압하자 토지 귀족과 부르주아가 한편이 되어 왕과 싸웁니다. 이것이 청교도 혁명입니다. 결국 토지 귀족과 부르주아가 찰스 1세와의 전쟁에서 이겨 그를 처형합니다. 그리고 토지 귀족들 스스로 자본가가 되는 식으로 근대적 산업 체계를 만들어 가지요. 지배층은 강하고 민중은 약했으므로, 농민을 토지에서 쫓아내 공장 노동자로 만드는 일도 비교적 쉬웠습니다. 이 바탕 위에 영국은 산업혁명을 일으키고 나아가 '세계의 공장'이 됩니다.

프랑스는 전통적 라이벌인 영국과 경쟁하지만, 영국과는 반대의 길로 갑니다. 위로부터 근대화에 나선 영국과 달리 프랑스는 오히려 봉건 계급들의 특권을 강화합니다. 왕권이 강했던 프랑스에서는 특권층이 왕과 강하게 결속되어 있었습니다. 미국의 독립혁명 당시 프랑스는 영국을 견제하려고 신생 미국을 지원했는데, 안 그래도 커진 국가의 재정 적자가 더 악화되었습니다. 이에 특권층은 평민에게서 세금을 더 거둬 문제를 해결하려 했고, 왕의 명을 빌려 '삼부회'를 개회합니다.

삼부회란 1, 2, 3신분 공동회의입니다. 하지만 신분마다 참가 대표가 몇 명이든 각 신분 전체에 한 표씩만 주어졌으므로, 1신분과 2신분이 연합해 2대 1로 3신분을 누르는, 특권층에게 유리한 제도였지요. 특권층은 삼부회를 통해 평민에게 재정 부담을 넘기려 했지만, 3신분 대표들은 과거처럼 특권층의 들러리가 되기를 거부하고 스스로 '국민의회'라고 선포합니다. 3신분이 곧 국민을 대표한다고 선언한 것이죠. 이에 왕이 군사를 동원해 국민의회를 해산하려 들자, 그 소식에 흥분한 파리 민중들이 봉기하여 바스티유 감옥을 점령합니다. 이 일이 일어난 1789년 7월 14일을 프랑스 대혁명이 시작된 날로 봅니다.

앞서 부르주아들은 양면성을 갖고 있다고 했습니다. 그들은 3신분의 입장에서 1, 2신분의 특권을 공격하지만 한편으로 그 이익을 나눠 갖기를 원합니다. 하지만 귀족과 부르주아가 연합한 영국과 달리, 프랑스에서는 특권층이 부르주아들을 '왕따' 시킵니다. 특권층들은 부르주아의 신분 상승 운동에 대한 반동으로 오래전에 사라진 억압적 봉건 관습들을 부활시키고, 관직 진출의 기회를 더 엄격히 제한합니다. 또 이미 사문화된 농민의 부역 제도, 다리나 도로의 통행세 등을 되살렸는데, 통행세는 도시 생필품의 가격을 올립니다. '봉건 반동'에 부르주아는 부르주아대로, 민중은 민중대로 불만이 차오릅니다. 바스티유 감옥 점령을 시작으로 혁명이 폭발하고, 그 용암이 구체제를 쓸어내게 되지요. 그런데, 영국의 산업혁명과 프랑스의 정치혁명이 어떻게 중세 사회 전체를 변혁하는 2중 혁명으로 발전했는지 의문이 들죠? 전쟁을 통해서입니다.

혁명 초기에 혁명가와 민중은 왕 루이 16세와 왕비 마리 앙투아네트를 폐위하는 데까지 생각하지는 않았습니다. 하지만 권한을 제한하고 실상 유폐한 거나 다름없이 감시하지요. 마리 앙투아네트의 오빠인 오스트리아 황제 요제프 2세는 누이동생과 매제를 '반역자'들로부터 구출하고자 합니다. 요제프 2세가 앞장선 '대(對)프랑스 동맹'이 결성됩니다. 유럽의 군주국인 프로이센, 영국, 러시아 등이 합류하지요. 자기 나라에도 영향을 줄 수 있는 혁명을 박멸하려고 뭉친 유럽 군주국들에 맞서 프랑스는 1792년부터 전쟁을 시작합니다. 프랑스군은 처음에는 패전을 거듭하다가, 1792년 9월 20일 발미 전투에서 오스트리아-프로이센군을 격파했습니다. 그 후 프랑스군은 무적이었습니다. 군주국의 군대들을 삼색기 휘날리며 하나씩 돌파해 나가요.

이것이 어떻게 가능했냐 하면, 프랑스 혁명의 결과로 국민 총동원 체제가 만들어졌기 때문입니다. 프랑스군은 최대일 때 100만 명이 넘었습니다. 구체제의 군주들은 귀족 신하들이 이리저리 동원한 군대에 의존하였으므로 이런 규모의 병력은 상상도 할 수 없었죠. 프랑스 혁명 정부는 봉건 질서를 파괴하고 전국을 중앙집권적 행정구역으로 정비했으며, 각 도에서 병사를 징집하고 군수 물자 생산을 독려했으며 부자들에게는 전쟁 비용을 대게 했습니다. 어느 나라도 이런 효율적인 시스템을 가진 적 없었지요. 게다가 병사들 상당수는 애국의 열정으로 자원입대한 청년들이었습니다. 정신력이 전부는 아니지만, 봉건 영주에게 억지로 끌려온 외국 병사들에 비한다면 공화국을 위해 싸우는 능동적 군대는 사기가 달랐을 것입니다. 혁명이 '조국'을 만들어냅니다.

프랑스 혁명군의 또 하나의 장점은, 장교들이 무지하게 젊다는 것입니다. 혁명 과정에서 이전의 군 장교였던 귀족들이 숙청당하거나 망명해 버려 평민 출신 젊은 장교들이 대거 지휘관이 됩니다. 나폴레옹은 26살에 장군이 되고, 장 빅토르 모로는 31살에 사단장이 되지요. 반면 프로이센 사령관 브라운슈바이크 공작은 개전 당시 71세였습니다. 경험은 부족할지 몰라도 유연하고 혁신적인 프랑스 청년 장교들은 혁명군의 승전에 혁혁한 공헌을 합니다.

혁명 전쟁 초기부터 나폴레옹이 몰락할 때까지 약 20년간, 프랑스군은 유럽의 지도를 바꾸었습니다. 그전까지 유럽의 지도는 우리가 아는 그런 모습이 아니라, 한 나라의 영토가 여기 저기 흩어져 있기도 하고, 왕국과 교회령과 도시국가와 영주의 장원이 서로 겹치거나 제각각 존재했습니다. 프랑스군은 이 복잡한 경계들을 해체하고 합병했으며, 점령지에서 봉건제를 철폐하고 농노를 해방시켰습니다. 그 위에 '소유의 자유'를 핵심으로 하는 법제도를 실시합니다. 혁명 이념이 각국의 지식인들에게 전파되고, 혹은 프랑스군과 맞서 싸우면서 나라마다 '민족의식'에 눈을 뜹니다. 단박에 된 일은 아니지만 이런 식으로 유럽은 국민국가들의 세계로 변했고, 그곳에 유례없이 큰 시장이 펼쳐집니다. 영국식 산업혁명이 유럽 대륙 전체로 퍼지게 됩니다.

이렇게 2중 혁명은 유럽을 근대 자유주의 체제로 바꾸고, 유럽 국가들은 장차 세계를 정복하여 세계도 자신들과 닮은꼴로 만들게 됩니다.

# Bridging

## 1.
## 혁명의 이상이
## 던지는 딜레마

당통은 동료들과 세력을 형성하고 공포정치와 독재의 종식을
요구한다. 당통파는 자기 세력의 신문《르 뷔 코르들리에》에서
로베스피에르와 공안위원회를 비판한다. 공안위원회는 신문사를
부수고 신문을 압수한다. 하지만 당통파는 국민공회(프랑스 공화국
수립 후 소집된 의회)에서 탄압의 부당성을 고발하여 지지를 얻는다.

공안위원회 위원들은 당통을 제거해야 한다고 말한다. 하지만
로베스피에르는 "당통을 처형하면 혁명도 죽게 되오."라고 하며 직접
당통을 만나려고 한다.

고급 식당의 밀실에서 당통은 로베스피에르를 맞이한다. 당통은
화려한 붉은 코트를 입고, 진수성찬을 로베스피에르에게 권한다.

당통: 오, 로베스피에르. 이것 좀 드시겠소? 아주 맛이 좋아요.

로베스피에르: 됐소. 고맙소.

당통: 그럼 이걸 맛보시오. 싫어요? 그럼 이건? 이것은?

로베스피에르는 계속 거절한다. 당통은 그를 노려보더니 식탁 위의 접시를 끌어다 바닥에 떨어뜨려 깨버린다. 로베스피에르는 미동도 않는다. 당통은 그를 경멸하듯 보며 자기 잔에 와인을 붓는다.

당통: 뭘 원하오?

로베스피에르: 당신과 솔직하게 대화하고 싶소.

당통: 그동안 솔직하지 않았던 모양이군?

로베스피에르: 왜 우리를 공격했소?

당통: 왜 우리 신문을 중지시켰소?

로베스피에르: 난 정부를 보호해야 하오. 나는 우리가 같은 편이 되길 바라오. 우릴 지지한다고 발표하시오.

로베스피에르는 혁명을 이용해 부를 늘리는 자들로부터 인민을 보호하기 위해 공포정치가 불가피하다고 역설한다. 하지만 당통은 그에게 인민은 살과 피로 이루어진 존재인데(즉 욕구를 가진 존재인데), 로베스피에르는 그걸 잊고서 도덕적인 이상만을 인민에게 강요한다고 비판한다.

로베스피에르: 난 인민의 행복을 가로막는 어떤 것도 용납 못해!

당통: 당신이 인민의 행복에 대해 뭘 알아! 술도 안 마시고, 여자와 자지도 않으면서!

로베스피에르는 당통에게 혁명정부의 뜻에 따를 것을 요구하며, 그러면 숙청되지 않을 거라고 한다. "당신이 정부 위에 있다고 생각하시오?" 하지만 당통은 그의 제안을 거절한다.

당통: 난 처형자가 되느니 처형당하는 쪽을 택하겠소.

공안위원회가 당통을 체포하기 전 두 사람이 만난 것은 역사적 사실이나, 둘 사이에 무슨 대화가 오갔는지는 아무도 모릅니다. 영화는 이 장면에서 역사적 상상력을 발휘해 당통과 로베스피에르 두 사람의 정치적 입장을, 나아가 혁명과 인간에 대한 가치관을 대립시킵니다.

하지만 영화에서 당통이 자유주의와 개인주의의 대변자로 그려진 것은 좀 과장입니다. 그 역시 공포정치의 실행에 책임이 있기 때문입니다. 하지만 이 장면은 당시 혁명 세력 내에 실제로 존재했던 갈등, 즉 "혁명을 언제 종료할 것인가?"에 관한 대립을 보여줍니다. 로베스피에르는 혁명은 끝나서는 안 된다고 생각합니다. 혁명의 중단은 반혁명에게 길을 열어줄 것이고, 민중들이 희생해서 얻은 결실을 소수 부자들에게 바치는 것이기 때문입니다. 하지만 당통은 그런 로베스피에르의 한계를, 어쩌면 민중의 한계를 지적합니다.

혁명 지도자 로베스피에르는 이상적이고 도덕적인 공화국을 추구했습니다. 하지만 현실의 민중은 그 이상에 어울릴 수준이 아니었죠. 공공선을 말하다가 이기적 욕망을 좇고, 혁명을 지지하다가도 반혁명의 꼬임에 쉽게 넘어가고는 했습니다. 로베스피에르에게 공포정치는 그런 민중을 계몽하고 보호하기 위한 수단입니다. 자신도 원하지는 않지만, 필요하다면 그 짐을 져야 한다고 믿었습니다. 당통은 로베스피에르에게 인간은 이기적인 쾌락을 포기할 수 없는 존재이며, 그런 민중과 타협하자고 말하는 것입니다. 역시 혁명의 결실을 지키기 위해서겠지요.

당통은 체포되어 혁명재판소에서 사형을 언도받습니다. 1794년 4월 5일, 당통과 그의 동료들은 단두대에서 처형됩니다. 영화에서는 당통이 순순히 죽음을 받아들이지만, 실제로는 당통파의 반격 시도가 있었다고 합니다. 그를 체포하기 전, 산악파는 국민공회에서 당통의 기소장을 승인해 달라고 요청합니다. 기소 내용은 뇌물 수수가 핵심이었고, 지금 역사가들은 대체로 기소가 사실이라고 인정합니다. 로베스피에르는 의원들을 향해, 아무리 당통이 혁명에서 중요한 역할을 했더라도 공화국에서 특권은 인정될 수 없다며 연설하여 기소장을 관철하죠. 이 연설들은 당시 의회 기록에 남아 있습니다.

당통은 동료들과 처형을 기다린다. 빨간 모자를 쓴 민병대가 와서 사형수들 셔츠의 칼라를 떼고 목 뒤의 머리카락을 자른다. 손이 묶인 처형수들은 서로 엮여, 말이 끄는 수레를 타고 단두대로 간다. 파리 시민들이 그를 지켜본다. 영화 첫 장면에서 당통을 환호하던 그들은 지금 아무 말이 없다.

혁명광장에서는 단두대의 포장을 벗기고, 단상 아래에 짚을 깐다. 피가 흘러 바닥을 적시는 걸 막기 위해서다.

수레가 로베스피에르의 집을 지나갈 때, 당통은 그쪽으로 고개를 들고 나직하게 말한다.

"다음은 당신 차례야. 로베스피에르."

당통을 처형한 지 겨우 석 달 뒤 '테르미도르(열의 달) 쿠데타'가 일어납니다. 로베스피에르와 그의 지지자 백여 명도 반대파에 의해 단두대의 이슬로 사라지죠. 혁명 과정에서 여러 차례 민중들의 봉기를 호소해 반혁명 세력과 정적들을 몰아냈던 로베스피에르가 이때도 민중의 행동을 호소합니다. 하지만 비극적이게도, 공포정치로 행동력이 파괴된 민중들은 더 이상 그를 위해 움직일 수 없었습니다. 영화에서 "혁명은 사투르누스처럼 자기 자식을 잡아먹는다"던 당통의 말이 실제 역사에서 로베스피에르에게 진

●

대담하라, 대담하라, 더욱 대담하라. 1792년 9월
프로이센-오스트리아 군대가 루이 16세를 구출
하러 프랑스로 진격해 오자, 두려워하는 민중에
게 "대담하라"며 용기를 북돋는 연설을 했다. 그
는 반혁명 세력 제압을 위한 공포정치의 필요성
을 주장했다. 그러나 공포정치가 혁명을 얼어붙
게 하자 관용을 말하며 로베스피에르와 대립했
다. 단두대로 끌려가며 당통은 로베스피에르 역
시 공포정치에 희생될 것을 예언한다
_____사진 출처:「당통」중에서

실이 되어 버립니다.

영화 「당통」은 프랑스 혁명에 대해 수정주의적 관점을 취한다고 할 수 있습니다. 기존의 해석에서 프랑스 혁명은 자코뱅이라는 혁명적 부르주아 세력과 하층 민중이 결합하여 봉건 체제를 파괴하고 위대한 진보를 연 사건입니다. 그러나 수정주의적 해석은 혁명의 주체들이 각각 무엇을 얻었고 혁명 성취에 가려진 한계는 무엇이었는지 등을 찾으려고 시도합니다. 혁명과 같은 엄청난 사건에 빛과 그림자가 있음은 당연합니다. 그런 어두운 측면과 복잡한 딜레마도 살펴봄으로써 우리는 혁명의 진정한 의미를 더 잘 이해하게 될 것입니다.

자코뱅의 독재정치는 혁명의 절박한 상황에서 불가피한 측면이 있습니다. 독재라고는 하나, 그것은 민중의 지지를 받았습니다. 민중은 자코뱅 중 가장 급진파인 산악파에게 권력을 주었고 산악파는 강력한 물가 정책과 사회보장 정책을 실시하여 민중의 이익에 봉사하려 했습니다. 상퀼로트 여성들이 혁명재판소에 진을 치고 투기꾼들을 단두대에 보내라고 아우성치기도 했습니다.

하지만 아무리 비상시의 조치라도 그것을 규제할 장치가 없다면, 비정상이 어느 순간 정상으로 강요되고 독재는 단지 독재를 유지하는 것이 목적이 됨을 공포정치는 보여줍니다. 영화 속 당통의 입장을 빌린다면, 불완전한 인간이 역시 불완전한 다른 인간을 완벽한 이상으로 끌어올리기란 불가능합니다. 불가능한 목표를 정치권력으로 강제하려 들 때 재앙은 예견된 것이지요. 하지만 그렇다고 정치가 인간의 이기심과 본능에 쉽게 타협해 버린다면 혁명적인 변화는 고사하고 그런 사회에 과연 발전이 있을지, 그것도 의문입니다.

근대 사회로 가는 물꼬를 튼 프랑스 혁명은, 이처럼 불완전한 우리 인간들이 이상을 향해 전진하려면 어떻게 해야 할지, 그런 고민도 함께 던져 줍니다.

# 쏴라!
# 날 죽이면 만 명을
# 다 죽여야 할 거다

## 19세기 노동운동과 사회주의

「제르미날」(1993)
클로드 베리 감독, 제랄드 드 파라디유 주연

 Scene

1868년 프랑스 몽수 지방의 보뢰 탄광.

새벽이 오기 직전의 짙은 어둠. 그러나 노동자들은 벌써 기계를 점검하는 중이다. 탄광은 곧 출근할 광부들을 얼마든지 뱃속에 집어넣을 태세다.

허름한 코트의 젊은이 '에티엔'이 다가와, 불을 쬐는 노인에게 일자리가 있느냐고 묻는다. 노인은 주변 탄광이 문을 닫는 바람에 이곳은 사람이 넘친다고 대답한다. 노인은 여덟 살 때부터 쉰다섯 살까지 탄광에서 일했다고 말한다. 노인의 별명은 '불사조'다.

"세 번이나 죽을 뻔했지. 한 번은 불길 속에 한 번은 흙더미에 깔려, 한 번은 물을 먹어 배가 개구리처럼 불룩했지. 그대로 죽지 않았어."

한편, 이 노인의 아들이자 가장인 마외와 아내 라마외드가 집에서 잠을 깬다. 그들의 집은 광부촌의 지정된 사택이고, 마외 부부와 일곱

자녀가 방 하나에 같이 산다.

마외, 큰아들 자샤리, 큰딸 카트린, 둘째아들 장랭 모두 탄광으로 출근하기 위해 촛불을 켜고 아침을 먹는다. 묽은 죽이 아침이며, 치즈 바른 빵 한 쪽이 점심 도시락이다. 문을 나선 마외 일행은 똑같은 작업복을 입은 사람들의 행렬로 파묻힌다.

마외는 아들, 딸과 두어 명의 다른 광부로 팀을 이루어 채탄 작업을 한다. 간밤에 팀원 중 플로랑스가 죽었다는 소식을 듣고, 마외는 일자리를 구해 어슬렁대는 에티엔을 자기 팀에 넣는다. 마외 일행과 에티엔은 탄차에 오른 채 승강기에 실려 500미터도 넘는 지하 막장으로 향한다. 먼저 내려와 석탄을 캐던 시커먼 얼굴의 남자 샤발은, 앞으로 에티엔이 일하게 되었다는 말을 듣고 내뱉는다.

"이제 사내놈들이 여자들 빵까지 빼앗아 먹는군!"

마외 일행이 일하는 동안 라마외드는 어린 두 아이를 데리고 그레구아르 씨의 저택으로 향한다. 식료품을 사기 위해 돈을 조금 적선해 달라고 청하기 위해서다.

몽수 탄광회사의 대주주 그레구아르 씨 가족은 마외 가족과 대비되는 부르주아이다. 그레구아르 부부는 가정부가 차린 따끈한 빵과 치즈, 코코아를 아침으로 들고, 딸 세실은 늦잠을 자고 일어나 식탁에 와 앉는다. 라마외드와 어린 두 아이가 들어오자, 세실은 측은한 표정을 지으며 가정부를 시켜 옷가지를 싸 준다. 아이에게는 빵 한 덩어리를 잘라 주며 "누나와 나눠 먹어"라고 말한다. 그레구아르 씨 부부는 세실을 대견한 듯 지켜본다.

그레구아르 부인은 라마외드의 아이가 일곱이란 말을 듣고 "어머나, 너무 많군요!" 하고 놀란다. 라마외드가 100수만 줄 수 있느냐고 하자 그레구아르 씨는 돈을 주는 건 안 된다며 타이른다. "절약을 해야지요. 원하는 걸 다 가질 순 없소."

몽수의 광부 에티엔과 카트린. 에밀 졸라의 원작소설을 영화는 생생히 옮긴다. 에밀 졸라는 직접 갱도에 들어가 취재한 내용을 바탕으로 1860년대 탄광 노동을 사실적으로 그려냈다. 영화는 새벽부터 탄광으로 가는 광부 가족과, 하녀의 시중을 받으며 아침을 드는 부르주아 가족을 대비한다. __사진 출처: 「제르미날」 중에서

# Reading

## 노동과 저항운동에 관한 짧은 역사

------------------------------

1.

영화 「제르미날」이

보여주는 광부들의 삶

　　　　　　프랑스 혁명군의 장교였다가 나중에
는 황제가 된 나폴레옹은 신출귀몰한 군사적 지략으로 유럽을 제
패합니다. 그러나 1812년 러시아 원정에 실패하고 1814년에 영
국-프로이센 연합군에 패하여 몰락합니다. 뮤지컬 영화 「레미제
라블」을 보신 분은, 첫 장면에서 프랑스 삼색기가 너덜너덜해져
서 바다에 철퍽 빠지는 것을 기억하실 겁니다. 이 장면은 삼색기
를 휘날리며 유럽을 제패하던 나폴레옹의 몰락과, 동시에 프랑스
혁명의 종말을 상징합니다. 나폴레옹 몰락 후, 혁명기에 처형된
루이 16세의 동생이 망명지에서 돌아와 루이 18세가 됩니다. 루
이 17세는 없냐고요? 루이 16세와 마리 앙투아네트의 아들인 루
이 17세는 부모가 처형당한 후 한 시민의 집에 맡겨졌는데 학대
당하다가 열 살의 나이에 병으로 죽습니다. 그러나 루이 18세는

혁명 초기에 재빨리 도망쳐서 목숨을 부지하죠.

나폴레옹을 제압한 영국, 프로이센, 오스트리아, 러시아 등의 군주국들은 1815년 오스트리아 빈에서 회담을 엽니다. 회담 참가자들은, 나폴레옹 전쟁으로 변경된 국경선을 1789년 이전으로 돌릴 것을 결정하고, 보수파 동맹을 수립하여 다시는 유럽에 혁명의 기운이 발붙이지 못하도록 감시하자고 합니다. 어떤 나라에서든 자유주의 운동, 민족주의 운동이 일어날라치면 공동으로 대응하자고 약속하죠. 이 합의로 만들어진 체제를 '빈 체제'라고 합니다. 이것이 19세기 초 유럽의 정치적 풍경입니다. 그러나 보수파의 감시, 탄압에도 자유주의 운동은 계속됩니다.

19세기 중엽이 되면, 역사가 에릭 홉스봄이 '자본의 시대'라고 부를 만큼 유럽에서 자본주의 체제의 틀이 갖추어집니다. 그런데 사회의 변화에 따라 사회 내부의 대립과 갈등의 양상도 변합니다. 19세기 초에는 왕·귀족 등 구래의 특권층과 떠오르는 부르주아 세력 사이의 대립이 주된 양상이었습니다. 19세기 중반부터는, 새로운 지배자가 된 부르주아들과, 점점 늘어나고 서서히 조직되는 프롤레타리아트의 대결이 두드러졌습니다. 갈등의 축은 자본가계급과 노동자계급으로 넘어갔습니다. 그 시대상을 잘 보여주는 영화가 「제르미날」입니다.

에밀 졸라의 원작 소설을 영화화한 「제르미날」은 19세기 중엽 프랑스의 광산 지역에서 벌어지는 부르주아와 노동자의 계급투쟁을 다룹니다. 에밀 졸라는 '드레퓌스 사건'의 진실을 위해 싸운 작가로도 유명하죠.*

에밀 졸라는 1885년에 이 작품을 발표했는데, 그는 1878년에 일어난 앙쟁 지방의 광부 파업을 소재로 하였습니다. (작품 속 시대 배경은 1868년입니다.) 그는 광부들을 따라 갱도에 들어가 보고 광부들이 사는 집도 관찰하여 소설에 상세히 그려냅니다. '제르미날'은 프랑스 혁명기에 채택된 혁명력에서 '씨 뿌리는 달'을 가리킵니다(그레고리력에서 3월 20일~4월 19일). 혁명 정부는 교회의 영향을 받은 그레고리력 대신 농촌 노동의 절기로 달의 이름을 바꿨습니다. '안개의 달(브뤼메르)' '서리의 달(프리메르)' '뜨거운 달(테르미도르)' '포도 수확의 달(방데미에르)' 등이지요. 왜 이 소설의 제목이 '씨 뿌리는 달'일까요? 그건 뒤에서 설명하겠습니다.

영화가 시작되면 '에티엔'이란 젊은이가 '몽수' 지방의 '보뢰' 탄광을 찾아옵니다. '몽수'는 작가가 만들어낸 가상의 지명으로 '돈의 산(Mont-sou)'이란 뜻입니다. '보뢰'는 '게걸스럽게 먹어치운다'는 뜻의 프랑스어를 변형한 것이고요. 지명에도 작가의 문

---

* 1894년, 프랑스 군 참모부의 알프레드 드레퓌스 대위가 독일 스파이라는 혐의로 체포되었다. 그는 진범이 아니었으나 유대인에 대한 편견이 작용해 군 법정에서 종신형을 선고받았다. 군부는 진범이 따로 있음을 알면서도 입장을 바꾸지 않았다. 1898년 에밀 졸라는 "나는 고발한다"라는 글을 신문에 발표해 드레퓌스의 무죄를 주장했고 이어 대대적인 석방 운동이 벌어졌다. 이듬해인 1899년 드레퓌스는 석방되었고, 1906년 대법원에서 무죄가 선고되었다.

•
"이대로는 못 참아!" 탄광회사는 탄차 한 대당 얼마라는 방식으로 낮은 임금을 매기면서 안전을 위한 갱목 비용도 광부에게 부담하라고 한다. 열혈 청년 에티엔(왼쪽)과 광부들에게 존경받는 마외(오른쪽)는 참다 못해 파업을 시작한다. 19세기 프랑스에서 노동조합과 파업은 모두 불법이었다.

___사진 출처: 「제르미날」중에서

제의식이 들어 있죠. 컴컴한 새벽부터 광산은 실로 살아 있는 괴물처럼, 광부들을 끝없이 뱃속으로 집어삼킵니다. 카를 마르크스가 "자본주의에서는 죽은 노동이 산 노동을 잡아먹는다."고 비유한 말을 연상하게 합니다. 죽은 노동이란 노동이 축적되어 만들어진 '자본'을 말합니다.

에밀 졸라의 집요한 취재 덕에 우리는 이 작품에서 19세기 노동계급의 현실에서 중요한 점을 몇 가지 읽어낼 수 있습니다. 첫째는 비인간적인 정도를 넘어 처참한 노동자들의 처지입니다. 마외, 마외의 아버지, 마외의 아들딸까지 온 가족이 탄광에서 일합니다. 열 살인 아들 장랭까지 막장에서 하루 12시간 일해야 일가가 겨우 먹고 살죠. 아들 딸이 커서 분가하면 부모는 수입이 줄었다고 한탄합니다.

광부들은 몇 사람씩 팀을 짜서, 탄광의 한 구간씩을 도급받습니다. 회사는 구간을 입찰 붙여 최저 임금을 제시하는 팀에게 도급을 주는데, 급여는 탄차 한 대당 얼마로 정합니다. 갱도가 무너지지 않게 반드시 버팀목을 세워야 하는데, 회사는 버팀목 비용을 광부들에게 내라고 합니다. 탄차 하나라도 더 채워야 입에 풀칠하는 광부들은 버팀목 작업을 소홀히 하다가 사고가 나고는 합니다. 회사의 이런 정책에 분개해 광부들이 파업에 들어가게 됩니다. 하지만 1884년까지 프랑스에서 노동조합과 파업이 법으로 인정되지 않았으며, 회사는 자유롭게 광부를 해고할 수 있습니다. 회사는 파업 광부들 대신 벨기에서 노동자들을 데려다 일을 시킵니다. 회사는 군대를 불러 항의하는 광부에게 총을 겨눕니다. 영화는 봉건귀족이 사라지고 자본가들이 새로운 지배자가 된 시대상을 이처럼 사실적으로 보여줍니다.

회사는 보뢰 탄광에 새로운 급여 지급 방식을 공고한다. 버팀목 설치비용을 별도로 지급하는 대신, 탄차 한 대당 급여를 낮추겠다는 것이다. 버팀목을 아무리 열심히 설치해도 탄차에서 깎인 급여를 보충하기는 힘들다. 보뢰 탄광의 광부들은 흥분한다.

"이대로는 못 참아!"

에티엔은 광부들에게 싸워야 한다고 설득하고, 광부들이 신뢰하는 마외가 중심이 되어 파업이 시작된다. 그러나, 며칠만 버티면 회사가 양보하리라는 기대는 꺾이고 파업은 길어진다. 준비해 둔 파업 기금도 떨어졌다. 광부들은 먹고 살 길이 막막해진다.

광부들은, 회사의 다른 탄광에서 파업에 동참하지 않는 것이 문제라고 여긴다. 파업하지 않는 광부들은 배신자라고 비난한다. 파업 광부들은 이웃 장 바르 탄광으로 몰려간다. 곡괭이와 몽둥이를 든 광부들이 벌판을 가로지른다.

장 바르에서 파업 광부들은 탄차를 뒤엎고 기계를 부순다. 마외는 악마라도 들린 듯 도끼를 휘둘러 승강기 줄을 잘라버린다. 라마외드는 광부 대기실에 걸린 램프를 죄다 깨버린다. 장 바르의 광부들이 사다리로 갱에서 올라오자 파업 광부들은 그들을 혼줄 낸다. 마외 부부의 딸 카트린은 애인 샤발과 장 바르에서 일하고 있었다. 라마외드는 딸을 두들겨 패고 "네 서방에게 가 버려!"라고 소리친다.

광부들이 폭동에 가까운 행동을 벌이자 회사와 부르주아들은 두려워한다. 회사는 벨기에 노동자들을 데려와 탄광을 가동하고, 군대를 동원해 주변을 보호한다. 광부들은 병사들보고 물러가라며 시위를 벌인다. 병사가 총검을 들이대자, 마외는 가슴팍을 열어 제치고 총검 앞으로 갖다 댄다.

"쏴라, 쏴! 날 죽이면 만 명을 다 죽여야 할 게다!"

"프랑스인이 프랑스인에게 총을 겨누다니!"라며 시위대는 한층 흥분한다.


「제르미날」에서 노동자들의 처지는 부르주아들의 생활과 비교되어 더 선명해 보입니다. 마외 가족은 단칸방에 열 식구가 살면서 하루 종일 일하지만, 그레구아르 가족은 주식 배당금으로 무위도식하며 호화저택에 삽니다. 그레구아르 부부는, 회사가 노동자들에게 일자리도 주고 석탄도 대주는데 그들이 가난한 이유는 아이를 너무 많이 낳고 절약하지 않아서라고 생각합니다. 부르주아들은 '무식하고 가난한 노동자들'을 경멸하고, 노동자들은 '이기적인 부르주아'들을 증오합니다.

●
"쏴라, 날 죽이면 만 명을 다 죽여야 할 게다!" 파
업을 위해 준비한 기금도 다 떨어지고, 회사가
외국 노동자들을 데려와 일을 시키자 광부들은
굶주림과 절망감으로 격해진다. 시위대를 겨눈
헌병의 총검을 향해 마외는 가슴을 열어 제치고
항의한다. 이 파업은 진압되지만, 1871년 3월
파리 노동자들은 정부군을 몰아내고 '코뮌 정부'
를 세운다.

___사진 출처:「제르미날」중에서

## 2.
## 저항의 씨앗이
## 밭에 뿌려졌다

둘째는 '현실을 어떻게 바꿀까'에 관한 서로 다른 입장들입니다. 영화는 세 인물 에티엔, 라스뇌르, 수바린이 여인숙 식당에서 파업을 일으키는 문제로 논쟁하는 장면을 통해 이들의 입장을 대비합니다. 그런데 이 입장들은 실제 1860년대 노동운동의 여러 조류를 대변합니다.

여인숙 주인인 라스뇌르는 보뢰 탄광 광부였다가 사상이 불온하다 하여 쫓겨났습니다. 그는 국제노동자협회(1864년에 창설된 제1인터내셔널)의 회원이며 마르크스주의자입니다. 그는 세계 노동자들이 단결하여 공장, 광산을 비롯한 생산수단을 차지하면 사회주의로 나아갈 수 있다고 생각합니다. 그런데 라스뇌르는 노동자들이 충분히 준비되지 않은 상태에서 파업을 벌이는 건 시기상조라고 합니다. 당시 국제노동자협회를 지도하던 마르크스, 엥겔스의 입장도 비슷했습니다. 마르크스는 전국의 노동자들이 잘 조직된다면 파업할 필요도 없이 혁명으로 나갈 수 있고, 조직되지 않은 채 파업을 벌이면 패배할 뿐이라고 생각했습니다.

한편 에티엔은 국제노동자협회를 지지하며 몽수에 지부를 만들 생각도 합니다. 그는 노동자들의 힘으로 노동자들의 이상 사회를 만들 수 있다고 믿습니다. 하지만 그는 회사의 임금 제도 개악에 맞서 파업을 벌여야 한다는 입장입니다. 비록 준비가 안 되었더라도 파업만이 노동자가 행사할 수 있는 강력하고 유일한 무기이기 때문이지요. 이런 입장은 독일보다 프랑스 노동운동에서 강했습니다. 19세기 말 독일 사회주의자들은 노동자 정당인 사회민주당을 창당하여 많은 의원을 배출하지만, 프랑스 사회주의자들은 의회 선거보다 노동조합이 연합한 총파업으로 자본주의를 전복하는 길이 옳다고 했습니다.

기계공 수바린의 입장은 라스뇌르나 에티엔과도 다릅니다. 라스뇌르, 에티엔은 당장의 파업 문제에 의견이 다르지만 노동자가 장차 정치권력과 산업권력을 차지해야 한다는 입장입니다. 기계공 수바린은 식당 구석에서 수프를 들다 이들 모두를 향해 코웃음을 칩니다. "당신네 마르크스는 역사가 필연적으로 진보한다는 이론에 빠져 있어. 도시에 불을 질러 쓸어 버려야 해! 이 더러운 세상을 모두 파괴해야 해. 그래야 최상의 발전이 일어날 수 있어!" 수바린은 자본주의 체제에서 노동자들은 굶주림을 피할 수 없고, 필요한 건 '아나키즘'이라고 합니다.

수바린이 대변하는 건, 국제노동자협회에서 카를 마르크스와 대립했던 미하일 바쿠닌의 입장입니다. 노동자들이 국가를 장악해 노동자들의 이익을 위해 움직이자는 마르크스와 달리, 아나키

---

*　흔히 아나키즘을 무정부주의라고 번역하는데, '국가권력'에 반대하는 것이며 민중의 자치 질서마저 거부하는 것은 아니다.

스트들은 모든 권력은 '악'이므로 파괴해야 한다고 주장했습니다. 폐허 위에 민중들의 자치 공동체가 들어선다는 것이죠. 「제르미날」에서 파업이 실패로 끝나자, 수바린은 자기 신념대로 탄광에 대한 테러에 착수합니다. 갱도가 무너지면서 많은 광부들이 죽고 다칩니다.

마외는 군대와 싸우다 총에 맞아 죽고, 마외의 큰아들과 큰딸은 갱이 무너지며 사고로 죽습니다. 어린 딸은 굶어 죽고, 마외의 아버지는 미쳐 버립니다. 결국 라마외드가 남은 식구들을 먹이기 위해 직접 탄광으로 향합니다. 파업으로 아무것도 얻지 못한 광부들도 어깨를 움츠린 채 일터로 갑니다. 절망만이 남은 듯합니다.

영화의 마지막에 에티엔은 몽수를 떠납니다. 그러나 에티엔은 언젠가 억눌린 노동자들이 일어설 거라고 믿습니다. 저항의 씨앗이 땅에 뿌려졌고 언젠가는 반드시 그 싹이 자라날 거라고. 4월이면 밭고랑에서 푸릇푸릇 올라오는 싹처럼, 각성하고 단결한 노동자의 군대가 언젠가 일어날 거라고. 에밀 졸라는 '제르미날'이란 제목에 그 희망을 담았습니다.

Bridging

1.

유럽 노동운동의 성장

　　'제르미날'의 노동자들은 패배했지만 19세기 유럽 역사에서 노동운동은 꾸준히 성장했습니다. 노동운동은 우선 양적으로 성장했습니다. 프랑스 대혁명의 주역인 상퀼로트는 주로 도시 수공업자나 소상인들이었습니다. 자본주의 발전 초기에는 숙련 노동자, 즉 생필품이나 간단한 도구를 만드는 데 필요한 기술을 익힌 노동자가 노동운동을 이끌었습니다. 그런 기술이 없는 미숙련 노동자는 작업장에서 숙련 노동자를 보조하며 언젠가 숙련 노동자가 되기를 꿈꾸었습니다.

　　그런데 기계가 도입되면서 숙련 노동자의 지위가 흔들립니다. 인간이 하던 일을 기계가 대신하면서 인간 노동은 기계 작업을 보조하는 역할로 떨어지고, 숙련 노동이나 미숙련 노동의 구분이 불필요해집니다. 숙련 노동자들은 자신의 처지가 악화되는 게 기계 때문이라고 여기고 기계를 때려 부수고는 했습니다. 이런 일은 종종 대규모로 일어났는데, 1811년 영국의 방적공들이 전설 속 인물인 '러드 장군'을 상징으로 내세우고 자동방적기를 몽둥이로 부수고 공장에 불을 질렀습니다. 이 사건으로 기계를 파괴하는 무리들이 '러다이트'라고 불리게 됩니다. 한편 숙련 노동자들은 조합을 만들어 권익을 지키려 합니다. 프랑스 리옹의 실크 직공들은 상인들로부터 원료를 공급받아 각자 집의 작업장에서 실크를 짜 납품하였습니다. 상인들이 실크 가격을 자꾸 깎자 직공조합을 결성해 대항했고, 1831년 납품 가격 인상을 요구하며 파업에 들어갑니다. 상인들은 군대를 불러 파업을 진압했고, 동료가 피를 흘리는 걸 본 직공들은 총을 들고 봉기를 일으킵니다. 리옹 실크 직공 봉기는 최초의 근대적 노동쟁의라고 합니다.

기계 도입이 확대되자 노동은 단순화되고, 숙련 노동자 집단은 해체되어 소수의 기계 기술자만 남고 나머지는 단순 노동자가 됩니다. 「제르미날」에서 수바린 같은 기계공은 극소수이고 대다수는 채탄하는 광부인 것처럼요. 그러나 기술 발달로 기계도 자동화되면서 기계공조차 극소수 전문가들과 다수의 단순 노동자로 나뉩니다. 이런 식으로 노동계급은 동질해지며 수가 크게 늘어납니다. 19세기 동안 노동조합은 소수 숙련공들의 집단이었다가 다수 노동자들의 보편적 권익을 위한 조직으로 발전합니다.

또 19세기 유럽 노동운동은 질적으로도 성장했습니다. 자유주의 부르주아들은 특권층과 싸우기 위해 노동자들을 투쟁에 동원하였습니다. 그러다가 노동자들은 점차 주체적인 세력이 되어, 부르주아에 맞서기 시작합니다. 사회주의 이념으로 무장하는 수준까지 나아가죠. 노동자와 부르주아는 한때 바리케이드의 같은 편에 있었지만, 몇 십 년이 지나자 바리케이드를 사이에 두고 서로 총을 겨눕니다. 그 계기가 1848년 유럽 혁명과 1871년 파리 코뮌입니다.

1848년, 2월에는 프랑스 파리에서, 3월에는 독일 베를린에서 혁명이 일어납니다. 이어 오스트리아, 헝가리, 이탈리아에서도 시민들이 봉기합니다. SNS도 없었는데, 마치 약속이나 한 것처럼 여러 나라 민중들이 억눌렸던 요구를 한꺼번에 분출합니다. 그 요구는 헌법, 의회, 선거권, 민족독립 등이었습니다. 1848년 혁명은 구체제와 특권층을 공격하는 부르주아 자유주의 혁명인데, 정작 바리케이드에서 피 흘린 이들은 대부분 도시 노동자들이었습니다.

파리 2월 혁명으로 국왕 루이 필리프가 쫓겨나고 다시 공화국이 세워집니다. 파리 노동자들은 공화정부에 생필품 제공, 실업자를 구제하기 위한 '공공 작업장' 건설을 요구합니다. 부르주아 정부는 공공 작업장을 세워주는데, 파리 한복판에 혁명적 노동자들을 모아놓자니 불안해집니다. 이미 혁명의 과실을 독점한 부르주아들은 노동자들과의 동맹을 깨기로 합니다. 부르주아들은, 혁명 대신 '질서'가 필요하다며 공공 작업장을 폐쇄하고 노동자들 보고 지방으로 흩어지든지 아니면 군에 입대하라고 합니다. 성난 노동자들이 폭동을 일으킵니다(6월 폭동). 정부군의 진압으로 노동자 2천 명이 죽습니다.

노동자의 혁명성이 강해질수록 자유주의 부르주아는 보수파로 변하거나 혹은 보수파와 타협합니다. 프랑스에서는 부르주아가 권력을 잡지만, 독일에서는 부르주아들이 보수파에 굴복하면서 잠시 쟁취했던 개혁의 성과물도 포기합니다. 노동자들은 혁명을 밀고 나가자며 싸웠지만, 부르주아들은 노동자와 동맹을 깨고 차라리 보수파에게 머리를 조아리지요. 독일의 부르주아 의회는 프로이센 왕의 군대가 쳐들어오자 뿔뿔이 흩어지고 맙니다.

## 2.
### 파리 코뮌의 패배와
### 노동자 정당의 등장

1871년 파리 코뮌은 사상 최초로 수립된 '노동자 정부'입니다. 코뮌이란 원래 파리의 행정구를 가리키는 말인데, 행정구의 노동자 대표들이 민주적으로 구성한 정부를 가리키는 말이 됩니다.

파리 코뮌 전인 1850년, 프랑스는 공화국에서 또 군주정으로 돌아갑니다. 프랑스 대통령에 당선된, 나폴레옹의 조카 루이 나폴레옹은 헌법을 개정해 황제를 부활시키고 그 자리에 오르지요. 나폴레옹 3세입니다. 나폴레옹 3세는 프랑스 산업을 발전시키고 해외 식민지를 개척하여 지위가 튼튼해졌으나, 1870년 프로이센과의 전쟁에서 패하고 프로이센의 포로가 됩니다. 제정은 자연스럽게 무너지고 임시정부가 들어섭니다. 한편 파리 시민들은 프로이센 군이 파리를 포위하자 자발적으로 돈을 거둬 방어용 대포와 무기를 만들었습니다. 새로 들어선 부르주아 공화 정부는, 프로이센군보다 무장한 파리의 노동자들을 더 두려워했습니다. 프로이센에 항복하고 난 후 정부는 파리를 무장해제 하려고 기습합니다. 몽마르트 언덕에 배치한 파리 시민의 대포를 정부군이 끌고 가려 하자 그 소식을 들은 시민들이 거리로 뛰쳐나옵니다. "우리 대포는 절대로 못 빼앗아 가!" 시민 봉기에 겁먹은 부르주아 정부 각료들이 도망칩니다. 1871년 3월, 코뮌 정부가 수립됩니다. 부르주아 정부는 파리에서 40여 킬로미터 떨어진 베르사유에 자리를 틉니다.

프랑스는 '베르사유 정부'와 파리 코뮌으로 분열되었습니다. 파리 코뮌은 노동자 정부가 무엇을 할 수 있는지 보여주었습니다. 노동자들이 작업장을 직접 경영하고, 최저임금을 지급하며, 아동 노동을 금지하고, 과부와 빈민에 대한 복지 정책을 마련했으며, 코뮌 의원을 선출한 대중이 그를 소환할 수도 있는 민주 제도를 만들었습니다. 비싼 입장료를 받아, 노동자들은 언감생심

들어갈 수 없었던 미술관과 오페라하우스는 무료 개방되었습니다. 그러나 부르주아 정부는 프로이센에 포로로 잡힌 병력까지 돌려받아 결국은 코뮌을 진압했습니다. 코뮌을 진압한 '피의 일주일' 동안 적게 잡아도 3만 명 이상을 정부군 병사들은 재판도 없이 처형합니다. 부르주아 정부는 이민족에 대한 증오보다 계급 간 증오를 훨씬 무자비하게 드러냅니다.

한편 파리 코뮌은 더 이상 도시 노동자들이 바리케이드 쌓고 봉기하는 것으로는 사회의 흐름을 바꾸기 힘들다는 것도 보여주었습니다. 국가권력은 훨씬 더 거대하고 교묘해졌습니다. 파리 코뮌을 계기로 노동운동도 양상이 달라집니다. 노동자들은 바리케이드가 아닌 '대중 정당'을 만듭니다. 1875년 독일 사회민주당 창당을 필두로, 19세기 말 서유럽과 스칸디나비아 국가에서 노동자 정당이 여럿 창당됩니다. 이들 노동자 정당은 마르크스주의를 받아들여 노동자들을 조직·교육하면서, 의회 선거에 참여해 노동자계급의 이해관계를 제도적으로 보장받고자 합니다. 노동자 정당 이전 부르주아 정치의 정당은 소수 엘리트의 정치결사였으나, 노동자 정당은 대중 정당의 길을 개척합니다. 1890년에 독일 사회민주당은 이미 전체 투표의 20% 이상 득표하였고, 1912년에 34%를 득표하여 제국의회의 제1당이 됩니다. 이때 당원 숫자가 백만 명이 넘었습니다. 1차 세계대전 직후 오스트리아 빈에서는 사회민주당이 압도적 득표로 집권합니다. 그래서 '붉은 빈'이

무너진 황제의 대리석상. 1871년 최초의 노동자 정부인 파리 코뮌이 수립되고 나서 시민방위군과 파리 시민들은 방돔 광장의 나폴레옹 3세 석상을 부숴 버렸다. 파리 코뮌은 3월 18일에서 7월 28일까지 72일간 버티다가 정부군과 결전에서 패했다. 마지막 '피의 일주일'에 3만 명 이상의 코뮌 전사들이 죽었다.

라는 별명도 있었지요. 각국에서 조직된 노동자계급이 선거에서 승리한다면 평화적으로 사회주의를 건설하는 것도 불가능해 보이지 않았습니다.

아래는 「제르미날」의 결말의 일부입니다. 에티엔의 내면적 독백은 당시 노동운동가들의 결의를 보여주는 듯합니다. 19세기는 분명 자본의 시대이고 부르주아들이 지배 권력을 확립한 시대입니다. 그러나 노동운동이 성장하면서 사회주의가 '가능한 전망'으로 나타난 시대이기도 합니다. 탄압과 패배 속에서도 노동운동은, 마외 아버지의 별명인 '불사조'처럼 다시 일어나 사람들을 규합하고 조직했습니다. 쓰러졌다가도 더 거대한 규모로 성장해 체제를 위협하는 노동운동에 부르주아들은 두려움을 느꼈습니다. 노동운동의 위협 앞에서, 부르주아들은 무언가 새로운 선택을 해야 했습니다. 그 변화를 다음 장에서 보겠습니다.


저곳, 700미터 아래 땅속에서 규칙적이고 지속적으로 들려오는 소리가 희미하게 에티엔의 귓전을 때리는 듯했다. 그것은 조금 전에 그가 갱으로 내려가는 것을 지켜보았던 동료들이 내는 소리였다. 그의 검은 동료들이 말없는 분노를 안으로 삭이며 탄맥을 두드리는 소리였다. 어쩌면 그들은 패배한 것인지도 모르고, 그로 인해 돈과 목숨을 잃었는지도 모른다. 하지만 파리는 르 보뢰 탄광에서 울려 퍼진 총성을 결코 잊지 않을 것이며, 치유될 수 없는 그 상처로부터 제정의

피 또한 흘러내리게 될 것이다.

……케이블을 자르고, 철로를 뽑아버리고, 램프를 부수는 것 따위가 다 무슨 소용이란 말인가! 3천 명씩 무리 지어 몰려다니면서 눈에 보이는 것마다 파괴하는 것이 과연 그럴 만한 가치가 있는 일일까! 아직 모호하게나마, 언젠가 합법적인 것이 훨씬 무서운 힘을 발휘할 수 있을 거라는 생각이 들었다. 다음번에는 정말로 무언가를 보여주게 될 것이다. 차분히 사람들을 모으고, 서로를 잘 알아가는 과정을 거친 다음, 법이 허락하는 한에서 노동조합을 결성하게 될 것이다. 그리고 어느 날 아침, 그들이 서로의 옆에 나란히 서게 될 때, 수백만 노동자들이 몇 천 명의 게으른 자들 앞에 설 때, 노동자들이 권력을 쟁취함으로써 이 땅의 진정한 주인으로 우뚝 서게 될 것이다. 그리하여 진실과 정의가 새롭게 태어나는 새벽이 밝아올 것이다!

# 잭,
# 이 전쟁의 의미가
# 뭐라고 봅니까?

## 1917년 러시아 혁명

「레즈」(1981)
워렌 비티 감독, 워렌 비티 · 다이앤 키튼 주연

 # Scene

**영화 「레즈」 속으로**
- - - - - - - - - - - - - - - - - -

　미국 포틀랜드에 사는 작가 루이스는 보수적인 치과의사 남편과 다투면서 '자유주의 클럽'에 나간다. 유럽에서 벌어진 전쟁(1차 세계대전)에 미국은 어떤 태도를 취해야 하는지를 놓고 연사가 목청을 높인다. 그는 '자유와 민주주의'를 지키기 위해 독일과 싸워야 한다면, 애국심을 갖고 나서야 한다고 주장한다. "저는 싸울 준비가 되어 있습니다!" 청중은 박수를 치고, 루이스는 한심하다는 듯 고개를 젓는다.

　연사는 유럽 전장을 직접 보고 온 사람의 말을 듣자며 '존 잭 리드'를 호명한다. "잭, 말해 주세요. 이 전쟁의 의미가 무엇입니까?" 리드는 조용히 일어나 짧게 말한다.

　"이익 싸움이죠(profit)."

　장내가 술렁한다. 리드에게 끌린 루이스는 다짜고짜 인터뷰를 청한다. 처음에는 거절하려던 리드는 루이스가 급진주의 신문 《블래스트》 기고자임을 알고 인터뷰에 응한다. 백합 꽃병이 있는 루이스의 좁은 작업실에서 커피를 연달아 마시며 둘은 얘기를 나눈다.

"리드 씨, 애국심을 말하는 사람들은 냉소적인 걸까요, 순진한 걸까요? 독일 군국주의를 막는 건 필요하겠지만……."

"순진하게 독일 군국주의가 전쟁과 상관있다고 생각해요? 세계 경제를 지배하는 건 영국과 프랑스죠. 제이피 모건이 영국, 프랑스에 10억 달러를 빌려줬고, 미국은 모건의 그 돈 때문에 참전하는 겁니다. 독일이 이기면 돈을 돌려받지 못하니까요. 왜 부자들을 위해 빈민이 대가를 치러야 하느냐는 겁니다."

밤을 새고 창밖이 훤해질 때까지 이어진 인터뷰. 둘은 서로에게 매력을 느낀다. 리드는 포틀랜드를 떠날 때가 되자 루이스에게 자기와 함께 뉴욕으로 가자고 제안한다. 루이스는 그 제안에 솔깃하면서도, 이미 유명 작가인 리드의 그늘에 묻히게 될까 두렵다.

"뭘로 같이 가자는 거야?"

"뭘로 가냐니?"

"당신 애인으로 가자는 거야? 정부(情婦)로? 아니면 첩으로?"

"음, 추수감사절도 다가오고 하니 칠면조로 가는 건 어때?"


영화 「레즈」는 미국인 저널리스트 존 리드(John Jack Reed)와 그의 연인이자 작가 루이스 브라이언트의 이야기입니다. '레즈

(reds)'라면 '빨갱이들' 아닙니까? 말 그대로 영화는 1910년대 미국 급진 좌파와 러시아 혁명을 소재로 했는데, 아무리 영화 예술의 본산 미국이라도 이런 제목의 영화가, 그것도 보수 강경파 레이건 정권 시절 만들어지고 아카데미 감독상까지 받았다는 사실은 놀랍습니다.

존 리드는 20대에 이미 멕시코 혁명, 콜로라도 러드로 광부 파업 현장에 관한 르포를 써서 유명해집니다. 그는 진보적 필진들이 모인《대중(The Masses)》이란 매체에 글을 발표했고, 1차 세계대전이 터지자 유럽 종군기자로 활약했습니다. 1917년 러시아 2월 혁명이 일어났다는 소식을 접한 그는 루이스와 함께 러시아로 가서 그해 10월 볼셰비키 혁명까지 6개월 간 혁명 현장을 체험하고 돌아옵니다. 그가 쓴 위대한 르포르타주『세계를 뒤흔든 열흘』에는 혁명 한가운데 선 사람만이 남길 수 있는 생생한 묘사와 귀중한 자료들이 있습니다.

리드는 아예 사회운동에도 뛰어듭니다. 그는 미국 사회당의 우경화를 비판하며 미국 공산주의 노동당 창당에 참여합니다. 혁명 이후 러시아는 당시 세계 공산주의 운동의 본부였고, 각국의 공산주의 당은 러시아가 주도하는 공산주의 인터내셔널(코민테른)의 승인을 받아야 했습니다. 리드는 미국 공산주의 노동당에 대한 코민테른의 승인을 얻고자 러시아로 떠났다가 두 번 다시 돌아오지 못합니다. 러시아에서 혁명 정부를 위해 일하다가 그만

발진티푸스에 걸려 1920년, 서른네 살의 나이로 요절했기 때문입니다. 리드는 미국인으로는 최초로 붉은 광장에 매장되는 영광(?)을 얻습니다.

위의 영화 장면은 리드와 루이스가 처음 만나 서로에게 빠져드는 대목입니다. 우리의 관심은 그들의 만남이 이루어지던 시대 배경이지요. 러시아 혁명이 일어나기 전, 유럽 대륙에서 1차 세계대전이 불을 뿜고 있었습니다. 미국인들은 영국과 프랑스 편에서서 독일로부터 문명과 자유를 지켜야 한다고 떠듭니다. 반대로 독일은 조국의 생존을 방어하기 위해 싸운다고 떠들었습니다. 하지만 리드의 말대로 그 전쟁은 자본주의자들의 '이윤'을 위한 전쟁 즉 '제국주의 전쟁'이었습니다. 가난한 노동자와 농민들이 다른 나라의 노동자와 농민을 죽이고 죽였습니다. 1차 대전은 인류가 그때까지 겪은 가장 거대한 전쟁이었고, 동시에 러시아 혁명의 직접적 배경이 됩니다.

# Reading

## 제국주의에 관한 짧은 역사

1.

자유주의가

제국주의로 변신하다

　　　　　과거에도 로마 제국, 당 제국, 합스부르크 제국 등 강력한 한 나라가 여러 나라와 민족을 지배하는 체제를 '제국'이라고 했습니다. 그런데 제국주의란 용어는 19세기 후반부터 쓰이기 시작합니다. 지금은 정치인을 제국주의자라고 부르면 욕이지만, 19세기 말~20세기 초 유럽이나 미국에서 정치인들이 자랑스럽게 자기를 제국주의자라 부르기도 했습니다. 제국주의는 하나의 정치적 신념으로 여겨졌습니다. 다른 민족을 식민 지배하는 일이 자기 민족의 이익을 위해 정당화되던 시대였지요. 다만 식민지 정복은 인류 역사 내내 강대국이 하던 짓인데 하필 19세기 말에 제국주의란 이름으로 새롭게 불릴 이유가 있을까요? 여기서 제국주의의 시대적 의미를 이해해야 합니다. 제국주의는 자본주의 체제의 새로운 단계입니다.

19세기를 거치며 성장한 자본주의 체제는 점차 자본끼리의 치열한 경쟁으로 치닫습니다. 좁은 시장에서 벌어지는 자본 간 경쟁은 서로의 이윤을 떨어뜨리고, 이윤이 자꾸 떨어지다 보면 급기야 공황이 옵니다. 자본과 상품은 넘치는데 소비는 이루어지지 않아 기업이 문을 닫고 실업자가 거리로 내몰리는 것이 공황이지요. 19세기 유럽 산업국가는 주기적으로 공황을 겪었고 그때마다 체제의 위기가 거론되었습니다.

그런데 자본주의 체제는 이 위기를 두 가지 방식으로 해결합니다. 하나는 독점입니다. 경쟁이 문제라면 경쟁을 아예 제거해 버리는 것입니다. 여러 기업이 합병하거나 카르텔을 맺는 식으로 거대 독점 기업체가 나타납니다. 정유 산업의 록펠러나 철강 산업의 카네기가 한 일이 바로 이런 독점입니다. 또 하나는 자본의 해외 수출입니다. 한 나라에 투자되지 못하고 '노는 돈'을 외국에 투자하여 새롭게 이윤을 뽑아내는 것입니다. 자본은 아시아, 아프리카, 라틴아메리카로 들어가 광산과 철도와 농장을 만듭니다. 자본은 현지의 민중을 저임금 노동력으로 부리며 천연자원을 수탈합니다. 이 일을 자유롭게 하기 위해 식민지를 만듭니다. 식민지로 만들 땅이 없다면? 남의 식민지를 빼앗으면 됩니다. 어차피 그들도 총칼로 획득한 땅이니까요.

20세기 초, 영국, 프랑스, 독일, 이탈리아, 네덜란드, 벨기에, 이 여섯 나라가 지구 전체의 4분의 1을 차지합니다. 이윤 추구와 무력 사용은 동의어가 되고, 제국주의 열강들끼리 군사 충돌도 빈

•

제국주의, 새로운 형태의 자본주의. 19세기에
걸쳐 성숙한 서구 자본주의는 이윤율의 지속적
하락과 분배를 요구하는 노동자의 저항에 대처
해 새로운 단계로 변신한다. 그것은 제국주의였
다. 제국주의 열강들은 비서구 대륙을 갈라먹었
고, 더 갈라먹을 땅이 없어지자 서로의 식민지를
뺏기 위해 전쟁도 불사했다.

번해집니다. 자유무역, 자유거래라는 19세기 부르주아 자유주의의 이상은 헌신짝처럼 버려집니다. 산업화를 먼저 이룬 영국, 프랑스가 식민지 정복에 앞서 갔는데, 뒤늦게 산업화를 이룬 독일, 벨기에 등이 식민지 경쟁에 뛰어들어 '식민지 재분할'을 요구합니다. '선발' 제국주의 국가들이 '후발' 제국주의 국가들의 진입을 막으려 합니다. 특히 후발국 독일의 위협에 대항하려고 영국, 프랑스가 손을 잡으면서 국가간 긴장이 높아졌습니다.

　동시에 제국주의는 자본주의 국가 내부의 '통치 기술'이었습니다. 19세기에 서유럽 산업국가의 노동자들은 피 흘리며 싸워 선거권과 여러 권리를 획득합니다. 노동자들의 생활 수준은 조금씩 나아집니다. 그런데 서유럽 노동자들의 삶의 질이 전보다 높아진 이유는, 그들의 정부가 해외 식민지 민중을 착취해서 그 이윤을 '아주 조금' 노동자들에게 분배했기 때문입니다. 노동자들은 자국 정부의 다른 민족에 대한 제국주의 침략 행위를 적극적으로 반대하지 못하게 됩니다. 게다가 정부들은 이런 침략 행위를 국익을 위한 위대한 진보인 것처럼 선전해 노동자들의 눈을 가렸습니다. 역사학자 에릭 홉스봄이 지적한 것처럼 "제국주의는 계급 갈등의 접착제"였습니다.

　내부를 단결시킨 제국주의 국가들은 다른 제국주의 국가를 힘으로 제압하기 위해 자기 국민들을 총동원합니다. 서로 노려보고 있던 정세 속에서, 1914년 6월 28일 오스트리아 황태자 부부가 세르비아의 민족주의자 청년에게 암살당하자 전쟁의 도미노 게

임이 시작됩니다. 유럽 각국이 대기시켜 놓은 병력은 합쳐서 이미 1,700만 명이 넘었는데, 암살 사건 직후 오스트리아가 세르비아에 선전포고하고, 세르비아를 돕기 위해 러시아가 오스트리아에 선전포고하며, 오스트리아와 동맹국인 독일이 러시아에 선전포고하고, 러시아의 연합국인 영국과 프랑스가 독일에 선전포고하며 삽시간에 전쟁이 시작됩니다. 금세 끝나리라는 예상을 뒤엎고 전쟁은 1천만의 목숨을 빼앗으며 5년간 계속됩니다.

앞에서 19세기를 거치며 노동운동과 사회주의 운동도 크게 성장했다고 했습니다. 일반 노동자 대중들이 정부의 제국주의 선전에 솔깃할 수 있다 해도, 똑똑한 사회주의자들, 마르크스주의자들도 많았을 텐데 어째서 그들은 전쟁을 막지 못했을까요?

이를 이해하기 위해 마르크스주의 운동 내에서 일어난 수정주의 논쟁을 알 필요가 있습니다. 1875년 창당한 독일 사회민주당은 마르크스주의를 강령으로 삼고 제국의회 제1야당으로 성장했습니다. 그 독일 사민당에서 "자본주의가 필연적으로 붕괴하는가?"를 놓고 논쟁이 벌어집니다.

마르크스는 「공산당 선언」에서 자본주의가 내부 모순에 의해 붕괴하고 프롤레타리아트가 권력을 잡을 거라 예견했죠. 그러나 19세기 후반 서유럽에서 노동자들의 실질임금은 상승했고, 불황은 통제되는 것처럼 보였으며, 사회는 부르주아지와 프롤레타리아의 두 계급으로 양분되기보다 중산층이 두꺼워지는 것처럼 보였습니다. 사민당 이론가 베른슈타인은 이제 사민당은 혁명을 기다릴 게 아니라 의회 다수파가 되어 점진적 개혁으로 체제를 '사회주의화'하자고 주장합니다. 이에 대해 '정통 마르크스주의'를 고수하는 칼 카우츠키 등은 시기의 문제일 뿐 자본주의는 결국 붕괴할 거라며 격렬하게 비판합니다. 이것이 수정주의 논쟁입니다.

정통 마르크스주의가 다수파여서 사민당이 금세 수정주의를 받아들이지는 않았지만, 중요한 건 수정주의에 찬성하든 아니든 사민당은 이미 혁명을 당면 과제로 생각하지 않았다는 점입니다. 수정주의자들은 '자본주의의 필연적 붕괴'를 거부했고, 정통파들은 당장은 아니라도 언젠가 붕괴한다고 했지만, 정통파들도 현재 할 일은 노동자들을 교육하고 조직하며 기다리자는 것이었습니다. 정통파도 노동자의 생활 수준이 향상되었다는 점은 인정할 수밖에 없었습니다. 그런데 그 이유는 앞에서 봤듯 식민지 착취 덕분이었고, 한 나라의 계급갈등이 선진국과 후진국 사이의 갈등으로, 제국주의 국가와 식민지의 갈등으로 이전되었을 뿐 갈등이 사라진 게 아니었습니다. 독일 사회민주당은 이 점을 놓치고 자본주의 체제가 안정된다는 착시에 빠졌습니다. 다른 제국주의 국가의 사회주의자들도 마찬가지였습니다.

이처럼, 서유럽 사회주의자들은 제국주의를 제대로 비판하지도 노동자들에게 혁명을 호소하지도 못했습니다. 그들은 독점 기업이 시장을 장악하고 국제 정치가 열강들에 의해 팽팽한 균형을 이루는 걸 보고 자본주의의 무정부성이 통제되는 것이라 생각했습니다. 마르크스 시대의 '인터내셔널'을 이어 만든 '제2인터내셔널'에 참여한 각국 사회주의 정당들은 혹 국제 전쟁이 터질 경우 반전 운동을 펼치자고 결의했습니다. 하지만 막상 전쟁이 터지자 그들은 자국 정부가 부추기는 애국주의에 휩싸여 '조국방어전쟁'을 지지하고 맙니다. 독일 사회민주당 의원들은 제국의회에서 전쟁 공채 발행에 찬성했고, 프랑스 사회당도 영국의 노동당도 참전을 결의합니다. 제2인터내셔널의 반전 결의는 휴지조각이 됩니다. 이는 "만국의 노동자여 단결하라"는 마르크스의 호소를 배신한 것이었고, 필연적으로 제2인터내셔널은 붕괴되고 맙니다.

그러나 모든 사회주의자들이 전쟁을 지지한 것은 아닙니다. 레닌과 그가 이끄는 러시아 볼셰비키는 1차 대전을 제국주의 전쟁으로 규정하고 단호한 '반전파'를 결성합니다. 자본주의 발전이 매우 뒤늦은 변방국 러시아에서 혁명의 불씨가 다시 살아나고 있었습니다.


뉴욕에 온 루이스는 리드와 결혼하여 살면서 급진적인 동료 작가들과 어울린다. 즐거운 생활이지만, 루이스는 리드의 아내로만 머물고 있다는 자괴감과 자신만의 성취를 해내고 싶은 마음으로 답답해한다. 마침 루이스는 리드가 바람을 피운 사실을 알게 되고, 배신감을 느끼며 집을 나간다. 루이스는 1차 세계대전 중 유럽 전선의 종군기자로 활동한다.

1917년 2월 러시아에서 혁명으로 차르 정부가 무너진다. 리드는 이 소식을 듣고 유럽으로 날아가 루이스를 찾는다. 포성이 들려오는 전장 가까이서 루이스를 만난 리드는 함께 러시아로 가자고 제안한다.

"루이스, 여기 일이 당신에게 중요한 건 알아. 하지만 작가로 명성을 쌓고 싶다면 러시아로 가야 해. 동료로서 같이 가자. 다른 건 안 바랄게."

"뉴욕에 올 때도 그랬잖아!"

"루이스, 러시아에서 지금 엄청난 일이 벌어지고 있어. 임시정부가 들어섰지만 혁명이 계속되는 중이야. 병사들이 탈영하고 노동자들이 파업을 해. 망명자들이 돌아오고 있고. 러시아에서 혁명이 나면 독일에서도 혁명이 나. 독일에서 혁명이 나면, 루이스, 전쟁이 끝날 거라고!"

"가더라도 나 혼자 갈 거야!"

리드는 루이스를 설득할 수 없자 예매한 기차표를 주면서 올 수 있으면 오라고 하고 몸을 돌린다. 기차가 출발하기 직전까지도 루이스가 보이지 않자 리드는 실망하는 표정이다. 그러나 막 열차가 떠나는 순간, 루이스가 객실로 들어와 리드의 앞자리에 앉는다.

"이런 기회를 놓친다면 바보겠지. 하지만 잘 들어. 가서 난 내 글을 쓸 거야. 돈은 빌린 대로 다 갚겠어. 그리고 분명히 말하지만 당신과 절대로 안 자!"

"오, 문제없어."

●
"러시아에서 지금 엄청난 일이 벌어지고 있어!"
미국의 저널리스트 존 잭 리드은 페미니스트 작
가 루이스 브라이언트와 함께 '혁명의 현장' 러
시아로 간다. 1917년 2월 혁명으로 차르 제정
이 무너진 러시아는 부르주아 임시정부와 노동
자 병사 소비에트 사이의 권력 투쟁이 달아오르
는 중이었다.

___사진 출처: 「레즈」 중에서

## 2.
## 근대적 모순의 총집합,
## 러시아

　도스토예프스키는 『카라마조프 가의
형제들』에서 한 가문 또는 한 사람 안에 극단적인 성향이 공존함
을 일러 '카라마조프 가문의 특징'이라고 합니다. 카라마조프 가
인물들은 정욕과 이성, 신앙심과 탐욕 같은 모순된 성질을 각각
대변하기도 하고 그것들이 뒤섞여 있기도 합니다. 이를 도스토
예프스키는 '러시아적인 극단성'이라고도 부릅니다. 유럽과 아시
아, 동토와 사막에 걸친 러시아 영토를 생각하면 이런 성격상의
특징이 이해되기도 합니다.

　1917년 러시아 혁명의 배경에도 이런 극단적 모순이 작용합니
다. 한편에는 전제 군주 차르(Czar)가 있습니다. 차르의 말이 법이
며, 그를 견제할 의회도 없습니다. 다른 한편에는 서구식 교육을
받고 성장해, 차르 체제를 타도하기 위해 테러도 불사하는 자유
주의 지식인(인텔리겐치아)들이 있습니다. 또한 러시아 인구의 절
대 다수는 차르를 '아버지'로 떠받드는 농민들입니다. 러시아 농
민들은 서유럽보다 수백 년이나 늦은 1861년에 농노에서 해방
되었습니다. 그런데 공업 인구도 빠르게 늘고 있었습니다. 러시
아는 한편으로 후진 농업국이고, 한편으로 국가 주도로 급격하게
대공업을 발전시키는 중이었습니다. 산업단지의 규모로만 보자

면, 20세기 초 페트로그라드와 모스크바의 산업단지가 영국과 독일의 그것보다 더 컸습니다. 노동계급의 숫자가 늘어나고 지식인의 개혁 요구도 커졌지만, 정부는 철통같은 전제정을 유지하며 반정부파를 처형하고 시베리아 유형에 처했습니다. 차르는 서구적 정치개혁은 전혀 받아들이지 않으면서 군사력을 키워 국제 정치에 개입했습니다. 러시아 민족과 소수민족 사이의 갈등도 많았습니다.

자신의 낙후한 체제를 '위로부터' 개혁하지 않은 러시아가 국제 자본주의 체제 속에 들어오면서 모순은 점점 더 극단적인 양상으로 커져 갔습니다. 레닌은 러시아를 '제국주의의 약한 고리'라고 불렀습니다. 러시아가 제국주의 전쟁에 휘말려 들면 이는 반드시 러시아에서 혁명을 폭발시킬 것이고, 러시아의 혁명은 곧 독일을 비롯한 제국주의 국가들로 퍼져 세계 혁명으로 이어질 거라고 보았습니다.

1차 세계대전은 세계 혁명으로 이어지지 않았지만, 그럼에도 레닌은 창조적 혁명가였습니다. 서유럽 사회주의자들이 우왕좌왕하다가 '조국 방어'란 명분으로 전쟁에 찬성할 때 레닌은 전쟁을 거부해야 하는 확실한 명분과 행동 방향을 제시했습니다. 레닌은 일국의 착취와 갈등은 제국주의 체제에서 국제적 대립으로 이전되어 더 격렬하게 벌어진다고 했고, 모순이 더 빠르고 폭력적으로 진행되는 후진국에서 혁명이 벌어질 수 있다고 주장했습니다. "혁명은 선진 자본주의 국가에서 일어나다"는 마르크스주의의 교의에 갇혀 영국이나 프랑스의 혁명을 기다릴 필요 없이,

제국주의 시대에는 오히려 러시아가 세계 혁명을 주도할 수 있는 것입니다. 레닌은 서유럽 사회주의자들을 맹비난하며 "전쟁을 내전으로 바꾸자!"고 합니다. 왜 노동자들끼리 싸우다 죽어야 하는가? 각자 자기 나라의 지배계급에게 총구를 돌리자고 한 것입니다.

레닌은 이론을 위한 이론을 좇지 않았습니다. 레닌을 중심으로 한 볼셰비키와 달리, 반대파인 멘셰비키는 마르크스주의의 교의에 따라 우선 러시아가 자본주의 국가로 성장한 다음에야 노동자들의 사회주의 혁명이 가능하다고 믿었습니다. 이른바 '2단계 혁명'입니다. 노동계급은 지금은 부르주아 자유주의 운동을 지원하고 때로 비판하는 것까지만 해야 한다고 생각했지요. 하지만 레닌은 전쟁과 궁핍으로 고통당하는 민중이 왜 굳이 그런 단계를 따라야 하느냐고 물었습니다. 강철 같은 혁명가 조직이 잘 이끈다면 차르 체제를 타도하고 바로 사회주의로 갈 수 있다고 생각했던 것이죠. 적어도 제국주의 전쟁의 참화를 겪어야 했던 러시아 민중들에게 "즉각적인 전쟁 종식, 빵과 토지"라는 볼셰비키의 주장이 멘셰비키보다 매력적이었습니다. 볼셰비키라는 이름의 의미는 '다수파'라는 뜻이지만 볼셰비키는 실제로는 오랜 세월 소수파였습니다. 하지만 1차 대전에서 러시아가 패전을 거듭하고, 굶주림에 지친 민중들의 계획되지 않은 봉기가 차르 체제를 무너뜨린 후 볼셰비키는 빠른 속도로 대중의 지지를 받기 시작하면서 명실상부한 다수파로 떠오릅니다.

1.

## 이 총은 언제
## 쏘게 됩니까?

리드와 루이스를 태운 기차가 러시아 국경을 넘는다. 정차하는 역에 피투성이 러시아군 병사들이 가득하다. 어떤 병사는 얼굴에 붕대를 칭칭 감았고, 다른 병사는 다리가 절단된 채 누워 있다. 창밖으로 그들의 모습을 보는 리드와 루이스의 얼굴도 굳어진다.

그들을 향해, 한 소년병이 우물우물 빵을 먹으면서 러시아어로 뭐라고 한다. 영어를 아는 러시아인이 리드와 루이스에게 통역을 해준다.

"볼셰비키가 전쟁을 끝내줄 거랍니다. 그래서 두렵지 않답니다. 저 소년은 이제 14살이라는군요!"

수도 페트로그라드에 도착한 리드와 루이스는 거리 곳곳에 정치적 연설 무대가 서고 유인물이 뿌려져 있는 걸 본다. 케렌스키가 이끄는 임시정부는 차르의 호화로운 겨울궁전에 자리 잡았고, 레닌과 볼셰비키 혁명가들은 역시 제정 때 귀족 여학생을 가르치던 스몰니 학교를 본부로 삼아 서로 노려보고 있다. 임시정부는 전쟁을 지지하고 볼셰비키는 평화를 주장한다. 그리고 무언가 곧 일어날 거라는 기대 또는 걱정이 도시 전체를 휩싸고 있다.

통역을 돕는 러시아인이 리드에게 말한다.

"저 줄은 빵을 사려는 줄이고, 저 줄은 부츠를 사려는 줄이지. 석 달 뒤에 부츠를 살 수 있다는 카드를 나눠 주는 줄도 있다네. 저 줄에 서려고 황제를 없앤 건가?"

리드와 루이스는 볼셰비키 지도자들, 임시정부 요인들을 인터뷰한다.

'레닌은 지성적인 지도자다. 그에겐 트로츠키와 같은 문장력이나 연설 능력은 없다. 하지만 주도자는 분명히 레닌이다.'

'케렌스키는 레닌과 달리 구시대적 특징을 온몸에서 드러낸다. 그는 임시정부는 계속될 것이라 한다.'

리드와 루이스는 노동자들의 집회가 열리는 큰 창고로 찾아간다. 한 노동자가 어서 파업과 혁명을 일으키자고 말하면, 다른 노동자가 나서서 독일과 전쟁 중이니 후방에서 파업을 하면 전선의 병사들이 고립된다고 반대한다. 영어를 아는 한 러시아 노동자가 리드에게, 자신이 통역할 테니 나가서 미국 노동자들의 이야기를 들려달라고 한다. 리드는 자신은 외국인이므로 발언권이 없다고 거절하려 한다. 그러나 그 러시아 노동자가 말한다.

"발언권? 무슨 발언권? 여기서는 누구나 발언권이 있어요. 나가서 미국 노동자들의 얘기를 해 주시오!"

군중의 요청으로 연단에 올라간 리드는, 미국 노동자들은 러시아 노동자들의 모범을 기다리고 있다, 여러분이 파업을 하면 미국 노동자들도 따라서 파업을 할 것이라고 말한다. 군중들이 환호한다. 리드도 격정에 차 외친다. "세계 노동자들이 단결해서 이 전쟁을 끝냅시다!"

군중은 '인터내셔널'을 합창하고, 혁명은 절정으로 치닫는다. 노동자들은 횃불을 들고 페트로그라드 시내를 행진한다. 리드와 루이스도 그들을 뒤따른다. 마침내 적위대와 군중은 임시정부가 있는 겨울궁전으로 진격한다. 레닌이 단상에 올라 혁명의 승리를 선포한다. 리드는 통역을 도와준 러시아인에게 새 모자를 선물한다. 러시아인은 (구체제를 상징하는) 낡은 모자를 벗어 공중으로 던진다.

1917년 2월, 수도 페트로그라드에서(페테르부르크에서 이름이 바뀌었다) 여성 노동자들이 빵을 달라며 시위를 벌이고, 자연스럽게 도시 전체가 파업에 들어갔으며, 진압 명령을 받은 병사들이 도리어 노동자들 대열에 합류해 버립니다. 사태가 벼락처럼 전개되면서 차르의 각료들이 정부를 버리고 도망치고, 전선에 나가 있던 차르가 황급히 병사들을 데리고 수도로 돌아가려 하지만 철도 노동자들이 기차 운행을 거부합니다. 고립무원이 된 차르는 결국 사흘 만에 퇴위를 결심하기에 이릅니다. 이것이 1917년 2월 혁명입니다. 그토록 단단해 보이던 전제정이 모래성처럼 무너져 내립니다. 이미 차르 정부는 러시아를 통치할 힘을 상실한 상태였던 것이지요.

그러나 노동자들과 병사들은 스스로 권력을 잡으려는 생각은 하지 못했습니다. 국가 두마 소속의 부르주아 정치인들이 임시정부를 구성합니다. 국가 두마는 1905년 러시아 혁명 이후 만들어진 의회이지만, 차르의 자문 역할을 넘지 못했습니다. 한편 노동자들와 병사들은 대도시마다 '소비에트'를 수립하기 시작합니다. 공장과 부대에서 대의원들을 뽑아 소비에트에 보냅니다. 소비에트는 민중들의 의회이자 행정부이고, 지도부이자 공론장이었습니다. 전제군주가 타도된 러시아에, 한쪽에는 부르주아 임시정부가 한쪽에는 노동자·병사·농민 소비에트 들이 나타났습니다. 도시의 공무원들, 부대의 병사들에게 임시정부와 소비에트 양쪽에서 동시에 명령을 내렸습니다. 이중 권력의 혼란상은 반드시 어느 한 권력을 중심으로 해소되어야 했고, 그 방향에 따라 러시아 혁명이 부르주아 혁명으로 머물지 사회주의 혁명으로 나아갈지가 정해지게 되었습니다.

그 혼란한 정국에, 망명 중이던 혁명가 레닌이 돌아옵니다. 레닌은 망명지 스위스에서 출발해 이른바 '밀봉열차'를 타고 교전 상대국인 독일을 지나 핀란드를 거쳐 페트로그라드에 도착합니다. 도착하자마자 부르주아 임시정부에게 체포당할 거라 걱정했지만, 역에는 노동자와 병사의 인파가 붉은 기를 흔들며 레닌을 환영합니다. 레닌은 지지자들의 손을 잡고 장갑차 위로 올라가 힘차게 연설합니다. 강도들의 제국주의 전쟁은 전 유럽에서 벌어질 내전의 시작이며, 유럽 자본주의는 곧 무너질 것이고, 러시아 혁명이 바로 그 시작이라는 것입니다. 레닌은 "전 세계 사회주의 혁명 만세!"란 말로 연설을 마칩니다.

돌아온 레닌은 '4월 테제'를 발표합니다. 그 요지는 임시정부와 소비에트의 이중 권력 상태를 끝내고 "모든 권력을 소비에트로" 집중하자는 것입니다. 노동자와 병사들이 권력을 쥐어야만 전쟁을 종식시키고 빵과 토지를 약속할 수 있다고 했습니다. 많은 사회주의자들이 '2단계 혁명' 이론을 당연시하며 레닌을 비판하지만, 레닌과 볼셰비키는 지금의 정세에서 부르주아 혁명은 연속적으로 사회주의 혁명으로 전진한다며 임시정부를 믿지 말고 민중 스스로 권력을 쟁취하라고 호소합니다. 2월 혁명 후 민중들은, 법률가 출신 케렌스키가 이끄는 임시정부가 민중들이 원하는 사회 개혁을 추진하지 않고 도리어 전선을 확대하면서 사병에 대한 장교의 즉결처분권을 강화하려 하자 점점 임시정부로부터 멀어졌습니다. 덩달아, 임시정부에 대해 확실한 입장을 취하지 못한 멘셰비키도 지지를 잃었습니다. 볼셰비키는 대중의 지지를 얻어 페트로그라드, 모스크바 등 대도시 소비에트 대의원 선거에서 다수파를 차지하기 시작합니다.

7월에 일부 병사와 노동자들이 준비되지 않은 폭동을 일으켰다가 임시정부가 동원한 부대에 진압당합니다. 폭동의 배후로 지목된 레닌은 수배를 피해 지하로 숨습니다. 레닌은 얼어붙은 바다를 건너 핀란드로 망명합니다. 이때 레닌은 군부의 쿠데타를 경고합니다. 임시정부가 민중의 지지도 받지 못하고 강경보수파의 지지도 받지 못하는 상황이므로, 군부가 쿠데타로 임시정부를 전복하고 독재 권력을 세우려 할 것이라고, 이제 사회주의 혁명은 군부 쿠데타를 막기 위해서라도 필요하다고 합니다. 실제로 8월에 보수파 코르닐로프 장군이 쿠데타를 일으키는데, 이를 막을 힘이 없는 임시정부는 원수나 다름없는 소비에트에 도움을 청합니다. 소비에트 노동자들이 철도를 마비시키고 병사들이 방어선을 쳐 쿠데타를 막아냅니다. 쿠데타는 막았으나, 임시정부도 완전히 무력화됩니다.

이 시기 노동자들이 사장을 쫓아내고 공장을 접수하였으며, 농민들이 지주의 저택에 불을 지르고 토지를 분배하였습니다. 전선에서는 병사들의 탈영이 줄을 이었습니다. 민중들은 이미 임시정부의 통치를 거부하고 있었습니다. 볼셰비키는 구체적인 봉기 준비에 들어갑니다. 도시마다 군사혁명위원회가 결성되고, 탁월한 조직가이자 선동가인 트로츠키가 노동자들에게 무장을 호소합니다. 노동자 민병대인 '적위대'가 조직됩니다. 일촉즉발의 긴장이

고조됩니다.

연단에서 트로츠키는 볼셰비키가 예비의회에서 철수한다고 발표했다. 카랑카랑한 그의 목소리는 공화국의 최고 권위에 노동자 농민의 도전장을 던지고 있었다. 그런 뒤 그는 강당을 경비하는 수병 곁을 지나 밖으로 나갔다. 수병들은 총검을 흔들며 이글거리는 눈빛과 단호한 표정으로 방금 연설을 마친 트로츠키를 바라보았다. 그들은 받들어 총 자세를 취하며 트로츠키에게 물었다. "도대체 언제 이 총을 쏘게 되는 겁니까?"*

전 러시아 소비에트 대회가 열리는 날 새벽, 페트로그라드의 적위대와 소비에트 소속 병사들이 무장봉기를 일으킵니다. 차르 정부는 사흘을 버텼지만 임시정부는 단 하룻밤에 싱겁게 무너집니다. 민중의 지지를 받지 못하는 임시정부 각료들은 도주합니다. 소비에트 군사혁명위원회의 이름으로 러시아의 농민, 병사, 노동자에게 알리는 포고문이 나옵니다. 포고문은 이렇게 밝힙니다. "임시정부는 타도되었다. 병합과 배상 없는 강화로 전쟁을 끝내고, 노동자와 농민에게 빵과 토지를 공급할 것이다. 노동자 농민 병사 사회주의 혁명 만세!" 전 러시아 소비에트 대회는 이 봉

---

* 빅토르 세르주, 「러시아 혁명의 진실」 중에서.

기를 승인하고 소비에트 공화국이 러시아의 새로운 권력이 되었음을 선포합니다. 이것이 볼셰비키 10월 혁명입니다.

어떤 사람들은 2월 혁명은 대중의 자발적인 행동이지만 10월 혁명은 소수 세력의 쿠데타라고 깎아내립니다. 하지만 혁명의 전체 과정을 보지 않고 여기까지는 자발적 행동, 저기부터는 음모적 쿠데타라고 말하는 건 그리 타당하지 않습니다. 이미 볼셰비키가 페트로그라드 소비에트 등 대도시 소비에트 대의원 선거에서 다수파가 되었다는 점, 임시정부는 이미 마비되었고 언제 또 다른 군부 쿠데타가 일어날지 알 수 없었던 점, 또 임시정부가 볼셰비키를 향한 탄압의 포문을 열고 있었던 점을 고려해야 합니다. 적어도 그 당시 볼셰비키가 주도한 봉기는 충분히 예측 가능한 일이었고, 혁명적 노동자와 병사들의 지지 속에 이루어졌던 것입니다.


## 2.
### 나의 페트로그라드야!

모스크바의 한 병원. 발진티푸스에 걸려 쇠약해진 리드가 병상에 누워 있다. 루이스가 그의 옆에 있다.

리드는 10월 혁명 후 미국에 돌아와 미국 공산주의 노동자당의 창설에 애쓴다. 그는 공산주의 노동자당을 코민테른에 승인받기 위해 러시아로 갔다가, 돌아오는 길에 핀란드의 백군(반혁명군)에게 붙잡혀

•

빵과 토지와 평화를 위한 혁명. 볼셰비키 당 지
도자 블라디미르 레닌이 군중에게 연설하고 있
다. 부르주아 임시정부가 1차 세계대전 참전 정
책을 고수하면서 전선에는 탈영 사태가, 후방에
는 식량난이 이어졌다. 화난 대중은 "즉각 전쟁
을 끝내고 민중에게 생필품을, 농민에게 토지를
분배하라"는 볼셰비키를 지지했다.

고초를 겪는다. 러시아 혁명정부의 수고로 석방된 리드는 러시아로 돌아와 공산당의 선전사업을 위해 일한다. 미국에 돌아오지 못하고 있는 리드를 만나러 루이스가 러시아로 온다. 둘은 어렵게 재회하지만, 과로에 병까지 얻은 리드는 쓰러지고 만다.

병상에서 리드는 헛소리를 하다가 겨우 정신을 차린다.

"루이스, 뉴욕에 가고 싶어. 집에 가고 싶어. 그런데 뭘로 가지?"

"……동지로?"

"그래, 동지로."

결국 리드는 병원에서 눈을 감는다. 서른네 살, 불꽃같은 삶이었다.


러시아가 독일과 단독 강화를 맺고 전쟁에서 철수하자, 러시아의 연합국이던 영국과 프랑스가 혁명 정부를 붕괴시키기 위해 공격해 옵니다. 연합국의 지원을 받는 체코 군대도 러시아 남부로 진격하고, 만주 쪽에서는 일본이 침범합니다. 임시정부 지지파인 부르주아, 지주, 군부 세력은 물론, 멘셰비키 등 사회주의 세력 내의 반대파들까지 볼셰비키에 맞섭니다. 적군(붉은 군대) 대 백군의 내전이 벌어집니다. 볼셰비키는 4년의 내전을 가까스로 버텨낸 후 기어이 1922년 역사상 최초의 사회주의 국가인 소비에트공화국연방(소련)을 창건합니다.

오늘날 우리가 알다시피 소련 건국의 이상은 굴절되었지만, 그 이상이 애초에 무의미했다고 할 수는 없습니다. 적어도 러시아 혁명에 참여한 수많은 사람들은 평등과 평화라는 이상을 위해 목숨을 바칠 각오를 했습니다. 그들에게 혁명이 어떤 것이었는지, 존 리드가 「세계를 뒤흔든 열흘」에서 묘사한 한 노동자의 모습을 통해 상상할 수 있습니다.

나는 한 노동자가 운전하는, 그리고 붉은 근위대원을 가득 태운 트럭의 운전석 옆에 앉아 페트로그라드로 돌아왔다. 지평선 너머로 수도 페트로그라드의 빛나는 불빛이 펼쳐져 있었다. 운전하던 늙은 노동자는 한 손에 핸들을 쥐고 또 한 손으로는 멀리서 빛나는 수도를 가리키면서 기쁨에 넘쳐 말했다. "내 것이야! 지금은 모두 내 것이야! 나의 페트로그라드야!"

# 그 발 냄새를
# 프랑코와 맞설
# 무기로 써도 되겠소!

## 1936년 스페인 내전

「랜드 앤 프리덤」(1995)
켄 로치 감독, 이안 허트 · 로잔나 파스터 주연

Scene

## 영화 「랜드 앤 프리덤」 속으로

------------------------------

영국 청년 데이비드 카는 약혼녀와 함께 스페인 인민전선 소속
연사의 강연을 듣고 있다.

연사는 스페인 상황을 담은 영상을 보여주며 설명한다.

군복 입은 장교들과 프랑코 장군의 모습. "저들은 파시스트입니다."

트럭을 타고 이동하는 노동자들의 모습. 트럭에는
C.N.T(전국노동자연합) 또는 U.G.T(노동자총동맹) 같은 흰 페인트
글씨가 쓰여 있다. 그들을 응원하는 바르셀로나 시민들. "사라고사
전선으로 이동하는 민병대들입니다. 우리에겐 총이 부족합니다."

학살당한 시신들과 우는 여인들. "파시스트들이 우리에게 한
짓입니다. 노동조합원이라는 이유로 저렇게 했습니다."

영상이 꺼지고, 붉은 스카프를 두른 연사는 말한다.

"프랑코가 스페인에서 권력을 잡으면 모든 곳에서 파시스트들이

권력을 잡게 될 것입니다. 스페인, 미국, 영국, 중국 할 것 없이 우리는 평등을 염원하는 같은 계급 민중입니다. 우리의 투쟁은 여러분의 투쟁입니다. 같이 갑시다. 노 파사란(No Passaran. 그들은 통과할 수 없다)!"

감동받은 데이비드는 강연이 끝나자 약혼녀 키티에게 스페인으로 가겠다고 말한다. 스페인 공화국 의용군이 되어 파시스트와 싸우겠다고. 놀란 키티에게 데이비드는 말한다.

"내가 여기서 뭘 하고 있지? 일주일에 실업수당 15실링 받으면서. 특별한 일을 하고 싶어."

"여기선 못해?"

"놈들을 저지해야 해. 아니면 너무 늦어, 키티."

결국 영국을 떠난 데이비드는 프랑스 마르세유까지 배를 타고 가서 피레네 산맥을 걸어 스페인 국경을 넘는다. 데이비드는 바르셀로나로 가는 기차를 탄다. 우중충한 영국 날씨에 비하면 스페인은 눈부실 정도로 화창하다. 기차에서 데이비드는 붉은 스카프를 두른 민병대원들과, 자신처럼 의용군에 지원한 프랑스 청년을 만난다. 자리에 앉은 데이비드는 신발을 벗는다.

"후우!"

민병대원들이 코를 거머쥐면서 스페인어로 뭐라고 떠든다. 프랑스 청년이 웃으면서 통역해 준다.

"당신 발을 프랑코와 맞설 무기로 삼아도 되겠다는군."

스페인 내전은 파시즘 세력과 반파시즘 세력이 최초로 격돌한 전쟁입니다. 스페인 현대사는 다소 낯설지만, 축구 천재 크리스티앙 호날두, 리오넬 메시가 각각 간판스타로 있는 '레알 마드리드'와 'FC 바르셀로나'의 라이벌 관계에도 이 현대사의 흔적이 남아 있죠. 이 두 팀이 붙으면 전 세계적으로 월드컵보다 시청률이 높다네요. 양 팀의 응원전도 전쟁을 방불케 하고요. 2000년에 루이스 피구가 FC 바르셀로나에서 레알 마드리드로 이적했는데, 그가 바르셀로나로 원정왔을 때 '반역자'란 비난과 함께 돼지 머리가 날아들기도 했답니다.

바르셀로나가 주도인 스페인 북동부 카탈루냐 지방은 오랜 자치문화의 전통이 있습니다. 프랑코 독재 정권(1939~1975)은 카탈루냐 지방어를 금지하는 등 자치를 억압했습니다. 그 기간 레알 마드리드는 전폭적인 지원을 받고 FC 바르셀로나는 차별당했죠. 스페인 내전 때 FC 바르셀로나 회장은 프랑코의 국민군에게 총살되었습니다.

스페인 내전의 전개를 간략히 살펴보겠습니다. 1936년 2월, 총선에서 '인민전선'이 승리합니다. 인민전선은 온건한 공화파부터 사회민주당, 공산당 등 좌파까지 결집한 선거연합입니다. 이 승리로 스페인에 중도 좌파 성격을 띤 인민전선 정부가 섭니다. 왕당파, 대지주, 자본가, 보수적 가톨릭 성직자들은 선거에서 반대파를 이루었다가 졌습니다. 그들은 인민전선 정부를 인정하지 않습니다. 그해 여름 프랑코 장군이 지휘하는, 아프리카 모로코에 주둔한 군대가 인민전선 정부에 반란을 일으킵니다. 보수파는 반란군을 지지하고 나섭니다. 1936년에서 1939년까지, 인민전선 정부를 중심으로 한 공화 진영(republican)과 반란군이 스스로 일컬은 이름인 국민 진영(nationalist) 사이에 내전이 벌어집니다. 공화 진영과 국민 진영, 이렇게 말하면 어디가 어딘지 잘 이해가 안 되지요. 선출된 합법 정부와 군부 쿠데타 세력 사이의 싸움이 벌어진 것입니다. 내전의 승자는 국민군이었고, 프랑코 총통과 그의 '팔랑헤 당'이 37년간 스페인을 통치합니다.

1930년대에 스페인만이 아니라 유럽 전역에 파시즘의 그림자가 퍼지고 있었습니다. 데이비드가 그랬듯이 스페인 공화정부를 지키는 일이 자기 나라의 파시즘, 유럽의 파시즘을 막는 일이라 여긴 노동자와 지식인들이 이 내전에 참전합니다. 50여 개 국가의 5만여 청년들이 "야만으로부터 민주주의를 지키고자" 스페인에 와서 비정규 민병대나 '국제여단'에 참여했습니다. 영국 작가인 조지 오웰, 프랑스 작가 앙드레 말로는 전투에 참여했고, 미국 작가 헤밍웨이는 종군 기자를 했습니다. 조지 오웰의 『카탈루냐 찬가』는 스페인 내전에 뛰어든 작가가 남긴 위대한 기록문학입니다. 「랜드 앤 프리덤」의 주인공 데이비드 카는 작가 조지 오웰을 모델로 한 것 같습니다.

# Reading

## 파시즘에 관한 짧은 역사

1.

파시즘이란 무엇일까

우리는 파시즘이란 말을 독재, 전체주의와 같은 의미로 쓰고는 합니다. 최근 정부가 시위를 강경하게 진압하거나 인터넷의 표현을 처벌하는 것을 두고 '파시즘의 징조'라고 말하는 사람도 있습니다. 사회적 약자를 조롱하는 '일베'의 언행에도 그런 분석이 따라붙죠.

하지만 파시즘의 정의를 너무 넓게 잡으면 역사적으로 존재한 파시즘을 이해하기 어렵습니다. 600만 유대인을 학살한 히틀러 정권과 인터넷에서 혐오성 댓글을 쓰는 네티즌을 똑같이 파시즘이라고 하면, 후자의 행위를 비판할 수는 있어도 2차 대전 같은 거대한 현상이 어떻게 등장했는지 면밀하게 파악하기 힘듭니다. 그건 파시즘의 정말 중요한 징후들을 놓치게 만들 수도 있어서 위험합니다. 이 장에서는 역사적 파시즘의 특징을 잠깐 설명할까

●

"그들은 통과할 수 없다!" 1936년 프랑코 장군의 파시스트 군대는 합법 선거로 선출된 공화 정부에 반란을 일으킨다. 단숨에 정부를 무너뜨릴 거라 반란군은 예상했지만 노동자 민병대가 마드리드와 주요 대도시에서 공격을 막아낸다. 전세계 청년들이 반파시즘 의용군에 지원하러 스페인으로 왔다. 영국 작가 조지 오웰도 그 한 사람이었다.

__사진 출처:「랜드 앤 프리덤」중에서

합니다.

　파시즘이라 하면 나치 독일의 구부러진 십자가, "하일 히틀러!"하며 손 뻗는 경례 같은 게 먼저 생각날 겁니다. 히틀러나 이탈리아의 무솔리니는 경쟁적으로 이런 의례, 형식, 상징, 깃발 들을 많이 만들었죠. 허나 이런 것들은 파시즘의 현상일 뿐입니다. 또 파시스트 지도자들, 관료들은 우리의 추측과는 달리 무척 합리적인 사람들이었습니다. 그들을 따르는 집단도 특별히 광신도였거나 몽롱한 상태는 아니었습니다. 한편 파시즘은 노동계급의 저항을 분쇄하기 위한 자본가, 지주들의 선택이었다고 하는 좌파적 시각도 있습니다. 이탈리아나 스페인에서 파시즘이 지주 계급과 결탁하고 독일의 나치즘이 대자본가와 결탁한 것은 사실이지만, 그렇다고 자본가들이 능동적으로 파시즘을 선택했거나 지휘했다고 보기는 어렵습니다. 게다가 모든 자본주의 국가가 파시즘으로 갔던 것도 아니고요.

　역사학자 로버트 팩스턴은 자신의 책 『파시즘』에서 파시즘을 이런저런 상징이나 지도자의 통치 기술이 아닌 '대중운동'으로 봅니다. 지도자가 대중을 동원하기도 하지만, 일단 촉발되면 나중에는 대중이 자발적으로 움직입니다. 집단적 소속감과 일체감이 주는 어떤 '황홀경'을 그들은 공유합니다. 그래서 파시즘은 매우 요란합니다. 대체로 독재 정부는 사회가 조용한 것을 좋아하고, 시민들은 수동적으로 국가의 눈치를 보죠. 반대로 파시즘은 맹렬한 대중운동으로 표출되고 내부의 적과 외부의 적을 향해 공격성을 한껏 드러냅니다. 팩스턴에 의하면 독일의 나치즘과 이탈리아의 파시즘(파시즘의 어원이 무솔리니의 파시스트 당입니다)만이 권력을 장악하고 극단으로 나아가 우리가 말하는 파시즘의 전형을 만들었고, 다른 나라의 파시스트 세력들은 거기에 닿지 못했습니다.

파시즘의 이념은 실은 보편적 이념이 될 수 없습니다. 자신들은 선택받은 위대한 민족이고, 단일하고 순결한 공동체를 만들어야 하며, 그 민족 공동체의 영광과 이익을 위해서라면 다른 민족을 지배해도 무방하다는 것입니다. 순결한 공동체를 분열시키는 개인주의, 민주주의, 계급갈등, 자유주의는 배격해야 하며 '정상이 아닌' 소수자들 즉 유대인, 외국인, 장애인, 동성애자는 사라져야 합니다. 강자가 권리를 독차지하는 게 자연의 섭리이므로 현실의 법이나 협정 따위에 얽매이는 건 불필요하다고 봅니다. 인류 문명과 도덕은 강자의 권리를 제약하는 한 장애물에 불과합니다. 그야말로 극단적인 이기주의입니다.

물론 역사에서 이런 극단적 이기주의는 늘 존재해 왔습니다. 하지만 나치즘이나 2차 세계대전처럼 수천만 명이 목숨을 잃는 사건은 초유의 일이었죠. 따라서 파시즘의 도래는 그 시대 맥락 속에서 이해할 필요가 있습니다.

산업 자본주의의 성장 속에 누적된 모순은 1930년대 대공황으로 폭발하여 대중을 궁핍과 고통으로 몰아넣었습니다. 1차 세계

대전 이후 열강 가운데 어떤 나라는 승전의 전리품을 얻었지만 어떤 나라는 패배했거나 또는 더 강한 나라에 밀려 변변한 전리품을 못 얻었습니다. 이는 민족적 자존심에 상처를 주었습니다. 또 좌파가 강한 세력으로 부상하면서 전통 보수 엘리트들이 불안해진 상황, 대의민주주의가 이런 정치적 갈등을 적절히 조정할 능력을 갖고 있지 못한 조건 등과도 관계가 있습니다. 상처받은 국민적 자존심과 과격한 민족주의 정당, 카리스마적 지도자가 결합할 때 파시즘은 시작됩니다. 여기에 전통 보수 엘리트들이 파시스트 세력을 자기네 이해관계에 부합하다 여겨 후원하면서 파시즘은 급속도로 성장합니다. 이 위험한 운동이 20세기의 발달한 첨단 살상 기술, 효율적인 행정 조직과 맞물리면서 무서운 결과를 향해 나아가게 됩니다.

이탈리아 파시스트당의 사례를 봅시다. 이 당의 지도자는 1차 대전 참전 군인인 베니토 무솔리니였습니다. 이탈리아는 1차 대전 막바지에 연합군에 붙었지만 전후 처리 과정에서 영국과 프랑스에 비해 이권을 거의 얻지 못했습니다. 한편 계급투쟁은 격해져 북부 산업지대에서 노동자들이 공장을 점거하고 남부 농촌에는 농민들이 지주 토지를 빼앗아 재분배했습니다. 이 혼란상 속에 무솔리니는 파시스트당을 만들어, 개인주의와 계급갈등을 청산하고 옛 로마 제국의 영광을 되찾자고 부르짖습니다. 그는 '무능한 정치인'들에게 맡기지 말고 "직접 힘으로 해결하자"고 하며 파시스트 행동대인 '검은 셔츠단'을 창설합니다. 검은 셔츠단은 남부 농촌에 가서 농민조합 사무실을 파괴하고, 지주들은 검은 셔츠단이 이용 가치가 있다고 여겨 후원을 해줍니다. 파시스트의 세력이 커집니다.

1922년 10월 무솔리니는 검은 셔츠단 6만 명을 끌고 정부를 장악하겠다며 '로마 진군'에 나섭니다. 이들은 가는 곳마다 좌파 정당이나 자유주의 언론사를 공격하며 소요를 일으키는데, 정부는 이들을 해산시키기는커녕 자기네 개로 길들여 좌파를 공격하는 데 써먹으려 합니다. 그래서 도리어 무솔리니에게 총리직을 줍니다. 총리가 된 무솔리니는 선거법을 개악하여 파시스트당이 선거로 의회 다수당이 되는 길을 엽니다. 권력을 잡은 후에는 기존 정당을 해산하고 파시스트 당 독재를 시작하죠. 언론을 검열하고 노조 활동을 금지시키고 학교에서 자신을 찬양하게 시킵니다.

독일은 1차 대전에서 지고 막대한 패전 배상금을 영국, 프랑스 등 승전국에 지불해야 하는 처지였습니다. 귀향 군인인 아돌프 히틀러는 그때만 해도 시시한 우익 정당인 나치당(국가사회주의 노동자당)에 가입했습니다. 나치당은 반유대주의와 민족주의를 선동했지만 1920년대에 독일 경제가 조금씩 회복되면서 그들의 선동을 귀담아 듣는 독일 국민도 별로 없었습니다.

그러나 1929년에 미국에서 시작된 세계 대공황이 나치당에게 길을 열어줍니다. 실업자들이 식사 배급 줄에 늘어서는데, 정부

●

전쟁에서 이기기 위해 혁명은 뒤로 미뤄야 하
나? 프랑코군과 싸우는 공화 진영은 크게 두 입
장으로 나뉘어 있었다. 하나는 공화 정부를 방어
하는 게 우선이며 급진적 개혁은 미뤄야 한다는
입장이었다. 또 하나는 부르주아 민주주의의 방
어에 머무를 게 아니라 노동자 농민의 사회혁명
으로 나아가야 하며 그럴 때 내전에도 승리할 수
있다는 입장이었다.

___사진 출처: 「랜드 앤 프리덤」 중에서

와 정부에 입각한 사회민주당 정치인들은 제대로 대책을 세우지 못했습니다. 나치당은 자기들이 집권하면 빚을 내서라도 일자리를 만들 것이며, 실업과 궁핍의 원인이 밖으로는 베르사유 체제(1차 대전 이후 영국, 프랑스, 미국이 독일에게 배상금을 정하고 재무장을 금지한 조약 체제), 안으로는 유대인 때문이라고 주장하며 고통에 처한 대중의 지지를 얻습니다. 한편으로는 퇴역 군인들로 나치 돌격대를 만들어 유대인의 상점과 노동조합의 시위를 공격하고, 한편으론 그러한 소요를 안정시킬 수 있는 건 자기들밖에 없다고 선전했습니다. 1928년에 정당 순위 9위였던 나치당은 점점 대중의 지지를 얻어 1932년에 1위로 올라섭니다.

보수 정치인들은 좌파를 누르는 데 히틀러가 유용하다고 생각해 수상직을 제의합니다. 수상이 된 히틀러는 무솔리니가 그랬듯 합법적으로 권력을 자기 수중에 집중합니다. 1935년에 뉘른베르크 법을 통과시켜 독일 내 유대인의 권리를 정지시키고 독일인과 유대인의 결혼마저 무효화합니다. 한편 베르사유 조약을 일방적으로 폐기하고 대대적인 재무장에 들어갑니다. 세계는 독일에서 벌어지는 일을 심상치 않다고 여기면서도 히틀러를 자극하지 않으려 고심했습니다. 그 사이에 히틀러는 야금야금 오스트리아, 폴란드 등 주변 영토를 침범하기 시작했습니다. 독일, 이탈리아 파시즘이 부상하며 영국, 프랑스, 스페인, 스웨덴 등에서도 크고 작은 파시즘 세력들이 나타납니다.

 Bridging

1.

## 혁명의 이상이
## 던지는 딜레마

  데이비드는 품(P.O.U.M. 마르크스주의 통일노동자당) 민병대에
들어간다. 민병대원들은 미국, 독일, 프랑스, 이탈리아, 스페인 등 국적이
달랐지만 프랑코의 파시스트 군대와 싸운다는 대의로 뭉친다. 민병대는
프랑코군이 점령한 마을을 기습해 적을 물리치고 마을을 탈환한다.

  농민과 민병대는 도망친 대지주의 집에 모인다. 마을 대표가 말한다.

  "동지들, 돈 훌리앙의 집이 민중의 집이 되었소!"

  환성과 박수가 터진다. 농민들은 '토지 집산화'(토지를 공동 소유로
만들어 함께 경작하는 것)를 할 것인지 토론한다. 농민인 테레사는
가난한 이들도 함께 나누고 또 전선의 병사들에게 식량을 공급하기
위해 서둘러 토지 집산화를 하자고 말한다. 또 다른 농민 페페는 이에
반대한다.

  "지주의 땅을 집산화하는 건 찬성합니다. 하지만 각자 소유한 땅은

내버려둡시다. 나는 땅이 많지 않아요. 내가 직접 그 땅을 일구었고 내

모든 것을 쏟아 부었소."

나이 든 농민이 페페에게 말한다.

"우리 친구, 자기 땅을 일구고 싶은 마음은 이해하네. 하지만 모두 함께

일하면 더 좋지 않겠나? 수확한 밀과 토마토를 혼자 먹어치울 건가? 모든

걸 혁명의 발전에 이바지하게 해야 해. 혁명을 미루면 안 되네!"

농민들끼리 갑론을박이 이어지자 마을 대표는 민병대의 의견을

묻는다.

지목받은 미국인 민병대원 로렌스가 일어나 말한다.

"나는 지주 편은 아닙니다. 하지만 저 페페처럼 작은 토지를 갖고

있고 파시스트에 반대하는 농민을 이해해야 합니다. 집산화는 저런

농민과 반파시스트 세력을 대립시킵니다. 지금은 힘을 합쳐 파시스트와

싸워야 합니다. 혁명은 전쟁에서 이기고 해도 늦지 않습니다."

이에 다른 대원이 반박한다.

"로렌스, 토지 사유제는 철폐해야 해. 사유재산은 민중을 얽매어

혁명에서 멀어지게 한다고!"

"나도 그 말에 동의해. 하지만 죽고 나면 집산화도 없지. 큰 그림을

봐. 프랑코만 있는 게 아니야. 무솔리니, 히틀러도 있다고. 자칫하면

다른 나라들이 우리에게 등을 돌리고 무기를 대주지 않을 거야. 그

나라들은 자본주의 나라들이야. 그들의 도움을 받으려면 온건한

슬로건이 필요해."

독일에서 온 대원이 앞으로 나서 말한다.

"독일엔 600만 노동자를 조직한 노동운동이 있었지. 하지만 어떻게 됐냐고? 히틀러가 해체해 버렸어! 사회주의자, 공산주의자들은 혁명을 늦춰야 한다고 했지만 틀렸어. 혁명을 바로 실행해야 해."

내전에서 이기기 위해 혁명적인 조치를 미룰 것인지, 전쟁의 승리와 혁명의 실천을 같은 것으로 보고 갈 것인지 민병대원 내에도 팽팽한 격론이 벌어진다.

"로렌스, 네가 달래려는 사람들이 누구지? 외국 은행, 외국 정부인가? 큰 그림을 보자는 건 좋아. 우리가 봐야 할 건 토지 없는 200만 농민들이야. 그들의 에너지를 이용하지 못하면 우리가 하는 일은 다 헛일이라고."

데이비드도 나서서 말한다.

"이 전쟁에서 프랑코가 이기면 수백만이 죽게 돼. 전쟁에서 먼저 승리해야 해. 이념을 실현하는 건 그 뒤야. 이념은 책 속에 있는 게 아니라 현실 속에 있어."

결국 농민들은 토지 집산화 여부를 표결에 붙인다. 압도적인 찬성으로 집산화가 통과된다. 마을 대표는 뜻을 같이 한 민병대원과 얼싸안는다.


스페인 내전의 중요한 특징은 한 축으로 파시스트 국민군과 반파시스트 공화군 사이 전쟁이면서, 또 한 축으로 아래로부터 분출한 사회혁명이기도 합니다. 반파시즘 전쟁과 사회혁명, 이 두 요소는 강력한 에너지를 내며 결합하기도 했고 반대로 서로 대립하기도 했습니다.

20세기 초까지도 스페인은 왕정국가였습니다. 스페인의 전통적 지배층은 지주, 군부, 가톨릭 등인데, 뒤이어 공업 자본가계급과 자유주의 엘리트들이 나타나 전통 지배층과 일면 대립하고 일면 타협하며 성장했습니다. 스페인은 자본주의 발달이 늦고 농업이 주를 이루었으며 지역마다 자치 공동체의 분위기가 강하다 보니 아나키즘 운동이 힘을 얻었습니다. 산업 노동계급이 늘어나며 마르크스주의도 확산되었고, 아나키즘과 마르크스주의는 스페인 혁명운동의 양대 세력이 되었지요.

러시아 혁명 이후 유럽의 마르크스주의는 분화해서, 스페인에도 소련과 코민테른의 지휘를 받는 공산당이 있고, 의회민주주의를 통한 사회주의를 지지하는 사회민주당이 있었습니다. 마르크스주의 사회혁명을 추구하지만 소련 노선에는 비판적인 일군의 사회주의자들도 있었죠(통일노동자당). 아나키즘 세력은 공산당이든 사회민주당이든 국가권력의 장악을 추구하는 일체의 노선에 반대하는 사람들이었습니다. 이 아나키즘 노동운동의 전국 조직이 C.N.T(전국노동자연합)이고 이들은 토지와 공장은 노동자가 공동 소유하고 자주 관리 하자고 주장했습니다. 한편 마르크스주의 노동운동의 전국 조직은 U.G.T(노동자총동맹)로, 임금 인상이

나 선거 참여에 관심을 두었습니다. 스페인에는 이 모든 이념들이 각축을 벌이고 있었습니다.

20세기 초 스페인에 공화주의 운동이 벌어집니다. 진보적 부르주아부터 좌파, 카탈루냐 자치운동 세력들도 '공화국 수립'을 목표로 집결합니다. 1931년 마드리드 봉기를 계기로 왕정은 무너지고 스페인 공화국이 건설됩니다. 공화국이 수립되자마자, 그간 억눌렸던 노동자와 농민의 요구가 쏟아져 나오면서 격렬한 좌우익 투쟁이 벌어집니다. 1945~1950년의 우리나라 해방 공간에서처럼 스페인도 양쪽으로 갈라졌습니다. 보수파 민병대가 좌파 노동조합을 습격하고, 이에 노동자들이 다시 봉기를 일으켜 반격했습니다. 마드리드의 중앙정부가 카탈루냐의 자치운동을 억압하자 1934년 10월에는 카탈루냐 북부 아스투리아스 광산 노동자들이 궐기하고 바르셀로나 공장 노동자들도 파업에 들어갑니다. 마드리드 중앙정부는 식민지 모로코에서 차출한 아프리카인으로 구성된 군대를 보내 노동자들의 투쟁을 처참하게 진압합니다. 이 진압군의 사령관이 프란시스코 프랑코였습니다. 프랑코는 이 진압을 성공한 공로로 참모총장이 됩니다.

1936년 2월 총선을 앞두고 좌파와 우파는 각자 총결집합니다. 중도세력인 공화파부터 사회민주당, 공산당은 선거연합인 '인민전선'을 만듭니다. 아나키즘 세력은 그간 선거에 보이코트해 왔으나 이번에는 인민전선을 지지합니다. 인민전선은 스페인에서

만 만들어진 것이 아니었습니다. 나치가 독일에서 집권하고 유럽에 전운이 감돌자, 나라마다 '반파시즘 인민전선' 운동이 벌어져 공산당부터 사회민주당, 민주적 부르주아 정당까지 손을 잡습니다. 이 운동은 코민테른의 판단에 따라 공산당이 주도적으로 실천합니다. 소련은 나치 독일의 위협에 맞서기 위해 영국, 프랑스와 우호적 관계를 맺어야 했습니다. 그전까지 공산당은 부르주아 정당을 노동계급의 적으로, 사회민주당을 노동계급의 배신자로 여기며 혁명을 부르짖었지만, 파시즘이라는 거대한 적이 부상하자 전략을 바꿔야 했던 것입니다.

스페인에서 인민전선이 선거에 승리했습니다. 득표 차이는 단 2%였습니다. 인민전선 정부가 세워졌지만 우파는 이를 인정하지 않았습니다. 성직자들은 공공연히 반정부 쿠데타를 선동했습니다. 기름에 불을 붓는 격으로 우파 정치인이 좌파 성향의 경찰에게 피살되기도 했습니다. 흉흉하던 정세 속에 결국 1936년 7월, 군부가 반란을 일으킵니다. 스페인 본토의 여러 군 기지에서 반란군이 출동하여 시 정부를 공격하고 공화파 시장과 공화파 장교를 살해합니다. 프랑코는 식민지 모로코에서 아프리카 방면군을 이끌고 본토로 건너옵니다. 처음에는 해군이 반란에 동참하지 않아 아프리카의 병력을 이송하기 어려웠습니다. 조기에 이 반란이 실패할 찰나, 독일과 이탈리아가 전함을 지원해 줍니다. 프랑코는 어려움을 해결합니다.

스페인 특유의 파시즘 정당은 '팔랑헤당'이란 작은 정당이었습니다. 이 당은 프랑코가 당수가 되면서 급성장합니다. 팔랑헤란 이름은 고대 그리스군의 '팔랑크스' 진법에서 따온 것인데, 그 진법은 방패와 방패를 거북의 등무늬처럼 맞추고 창을 내민 채 진격하는 것입니다. 전체의 단결이 관건입니다. 팔랑헤당의 모토 역시 국가는 위대하며 개인은 국가에 무조건 충성하는 것입니다. 내전이 벌어지자 가톨릭이 팔랑헤당을 지원하면서 종교적 권위가 팔랑헤당에 더해집니다. 이리하여 스페인 파시즘 세력은 국가에 대한 복종, 지주계급의 이익, 종교적인 열정이 결합된 독특한 모습으로 나타납니다. 반란군은 합법 정부에 대한 쿠데타를 "신의 이름으로" 정당화합니다.

반란에 맞서 가장 용감히 싸운 이들은 노동자들이었습니다. 반란 소식을 듣고 아나키즘 계열의 C.N.T와 마르크스주의 계열의 U.G.T 노동자들은 반란군과 싸울 무기를 공화정부에 요구합니다. 그런데 정부는 노동자들에게 무기를 건네주기 두려워합니다. 정규군만으로도 충분히 반란군에 맞설 수 있다는 게 이유였지만, 실은 노동자들이 무장하면 사회혁명으로 나아갈까 두려웠던 것입니다. 노동자들은 무기고를 털어 스스로 무장합니다. 특히 아나키스트 노동자 민병대의 활약은 대단했습니다.

아나키스트 민병대는 바르셀로나 주둔 부대에서 일어난 반란을 조기에 격퇴한 후, 마드리드로 달려가 반란군의 공세를 막아

●
내전 속 내전이 벌어지다. 데이비드가 속한
P.O.U.M 민병대는 빈약한 무기와 보급품에도
불구하고 프랑코군을 성공적으로 저지한다. 하
지만 전쟁 승리를 위해선 정규군과 소련의 지원
이 중요하다는 논리로 민병대는 해산을 요구받
는다. 소련의 스탈린주의자들이 민병대와 아나
키스트를 '내부의 적'으로 비난하며 무기 반환을
강요하자 갈등은 극으로 치달았다.
　　　__사진 출처:「랜드 앤 프리덤」중에서

냅니다. "마드리드를 방어하자" "노 파사란"이 노동자 민병대의 구호였습니다. 노동자 민병대는 트럭에 다이너마이트를 싣고 반란군의 기관총 진지로 돌진하는 등 용맹하게 싸웁니다. 각 지역의 노동자 민병대는 '민병대 중앙위원회'로 결집하고, 이들의 항전으로 인해 조기에 수도 마드리드를 장악하려던 반란군의 계획에 차질이 생깁니다. 반란군은 자기들을 '국민정부'라고 선포하고 장기전에 대비합니다.

공화 정부의 목표는 반란을 제압하고 예전의 질서 즉 부르주아 민주주의로 돌아가는 것이었습니다. 반면 아나키스트, 좌파는 내전 속에 아래로부터 혁명을 실행하려 합니다. 도시와 농촌에는 기존 공화 정부의 행정 질서를 거부한 '코뮌'이 세워집니다. 노동자들이 공장을 자주관리하고 농민이 토지를 집산화하며, 노동자와 민병대의 지역 평의회가 주요 문제들을 결정하는 기구가 됩니다. 조지 오웰의 『카탈루냐 찬가』에는 민병대가 장악한 바르셀로나를 묘사하는 대목이 나오죠. 식당에서는 웨이터가 부르주아 신사를 '사장님' 대신 '동지'라고 부르고, 손님에 대한 아첨도 사라지며, 그 아첨의 대가로 '팁'을 주던 문화도 함께 사라집니다.

공화 정부는 영국, 프랑스, 소련에 지원을 요청합니다. 영국과 프랑스는 자기들이 공화 정부를 지원하면 독일, 이탈리아가 프랑코를 개입하면서 국제 전쟁으로 비화될 것을 우려합니다. 1차 대전과 같은 전쟁에 다시 휘말리고 싶지 않은 영국, 프랑스는 스페인 내전에 '불간섭'하기로 합니다. 두 나라는 독일, 이탈리아에게도 불간섭을 요구했지만 히틀러와 무솔리니는 귓등으로도 듣지 않고 공공연하게 프랑코군을 지원합니다. 독일의 정예 전투비행단인 '콘도르 부대'를 포함해 독일과 이탈리아의 막대한 무기, 병력이 프랑코에게 건네졌는데 영국과 프랑스는 방관만 합니다. 그나마 소련이 공화정부 쪽에 무기를 제공하고 국제여단을 조직해 파견합니다.

그런데 이런 상황은 공화정부에 대한 소련과 공산당의 영향력을 강화합니다. 앞서 말했듯이 영국과 프랑스와 손잡기를 원하는 소련은, 그 나라들을 자극하지 않으려고 스페인의 상황이 혁명적으로 전개되는 것을 막고자 합니다. 그리하여 내전 속 새로운 대립이 생겨납니다. 같은 공화 진영 내에 공산당이 한쪽에 서고, 아나키스트와 혁명적 사회주의자들이 반대쪽에 서게 됩니다. 아나키스트 노동자 민병대나 통일노동자당 민병대는 부르주아 민주주의를 지키는 데 머무를 게 아니라 민중이 주도하는 사회혁명을 이루려고 했습니다. 민병대원들은 계급이 없는 자신들의 평등한 문화를 선호했지만, 소련은 공화 정부의 정규군과 공산당이 주도하는 국제여단으로 민병대를 재편하고자 했습니다. 소련의 권력자 스탈린은 자신의 정적 트로츠키가 스페인 통일노동자당의 배후에 있다고 여겼고, 이에 따라 공화정부는 통일노동자당을 불법단체로 지목해 버립니다. 파시스트와 싸운 통일노동자당을 파시스트와 내통했다며 몰아붙인 것입니다. 물론 새빨간 거짓말이었지요. 1937년 5월, '바르셀로나의 비극'이 벌어집니다.

데이비드는 제대로 된 보급도 훈련도 받지 못하는 민병대의 현실에 회의를 느끼고 소련의 지원을 받는 국제여단에 들어간다.

바르셀로나에서 아나키스트 노동자 민병대와 통일노동자당 민병대가 장악한 전화국을 공화정부의 정규군과 국제여단에서 탈환하려 하면서 시가전이 벌어진다. 얼마 전까지 파시스트와 싸우던 한 편 안에서 서로를 향해 총격이 오간다.

"스탈린의 개들아!"

"너희는 혁명을 배신했다!"

두 건물 사이 보도를 시장바구니를 들고 지나가던 중년 여인이 건물 위로 소리를 지른다.

"그만 둬! 서로 싸우지 말고 파시스트와 싸우라고!"

공화정부는 소련 외에는 어떤 지원도 받지 못하고, 파시스트와의 싸움보다 내부 갈등이 깊어가는 동안 프랑코 반란군은 점령 지역을 늘려 갑니다. 독일은 신형 폭격기의 성능을 시험삼아 정부 진영의 도시들을 무자비하게 폭격합니다. 1937년 4월 26일 작은 도시 게르니카의 폭격은 피카소의 그림 「게르니카」로 그 참상을 지금까지 증언합니다.

스페인 노동자들의 용기, 세계에서 달려온 의용병의 연대에도 전

세는 악화됩니다. 마침내 1939년 반란군은 바르셀로나를 점령하고, 곧이어 마드리드에 입성합니다. 프랑코 독재정권이 수립된 후 20만 명 이상의 스페인인이 살해당합니다. 항복하지 않은 민병대는 북부 피레네 산악지대에서 게릴라 활동을 하다가 프랑스로 망명하고, 그 뒤로도 스페인 국경을 넘나들며 계속 전투를 벌였습니다.

영국과 프랑스 정부는 스페인 상황에 눈 감고 더 큰 재앙은 없을 거라 믿었지만, 스페인 내전이 끝나는 것과 동시에 2차 세계대전이 발발했습니다. 만약 반파시즘 국제 인민전선이 확고하게 결집하여 프랑코 반란군을 꺾었다면, 독일과 이탈리아도 두려움을 느껴 2차 대전을 그리 쉽게 일으킬 수 없었을지도 모릅니다.

노동자들은 스페인 내전의 승리와 스페인 혁명의 승리는 하나라고 보았습니다. 그들은 파시스트와 싸우면서 동시에 노동자와 농민이 생산수단을 공유하는 사회를 만들려고 했습니다. 카탈루냐 노동자들은 바르셀로나에서 노동자평의회를 세웠고 5천여 민병대를 조직해 마드리드 방어전에 참여합니다. 정규군이 우왕좌왕할 때 이들 민병대가 마드리드에서 반란군의 진격을 막아냅니다. 소련과 공화정부는 민병대가 전투 경험이 없어 제대로 싸우지 못한다고 선전했지만, 실상은 민병대에게 무기와 식량의 보급을 막아 전투를 방해한 것은 그들이었습니다. 혁명으로 세워진 소련이 스페인의 혁명을 원하지 않은 것은 역설입니다. 스페인 내전에서 소련은 사회혁명의 대의보다 자국 이익이 보장되는 국제 질서를 추구했던 것입니다.

내전은 패배했고 세계에서 모여든 많은 젊은이들이 희생되었습니다. 살아남은 이들도 자기 나라로 돌아가 고생을 했습니다. 자본주의 정부는 이들이 사회주의에 물들어 왔다며 감시했고, 소련에서는 트로츠키파로 몰려 많은 수가 숙청당했습니다. 그럼에도 이들의 용기가 가치 있는 것은 이들이 양심의 명령에 따라 야만과 폭력에 맞서 싸웠기 때문입니다. 조지 오웰의 말처럼, 그들이 지킨 것은 '인간의 품격'이었습니다.

데이비드와 블랑카. 영국인 데이비드와 스페인인 블랑카는 국적을 넘어 우정과 사랑과 '혁명의 이상'을 나누었다. __사진 출처: 「랜드 앤 프리덤」 중에서

# 인도양의 소금은
# 인도인의 것이오!

## 1930년 인도 소금행진과 독립투쟁

「간디」(1982)
리처드 아텐보로 감독, 벤 킹슬리 주연

# Scene

## 영화 「간디」 속으로

1893년 남아프리카. 영국에서 변호사 자격증을 딴 인도인 모한다스 간디는 영국령 남아프리카에 사건 의뢰를 받고 기차를 탄다. 콧수염을 기르고 말쑥한 양복을 차려 입은 간디는 커피색 피부만 아니면 영락없는 영국 신사다. 간디는 영국에서 하던 대로 1등석 표를 사서 편안히 여행하는 중이다.

"유색인이 왜 1등석에 앉아 있지? 3등석으로 가라."

백인 승객과 차장이 오더니 고압적으로 명령을 한다.

"나는 표가 있소."

"유색인이 어떻게 1등석을 끊었지?"

"난 변호사요."

"이곳에 유색인 변호사 따위는 없어."

"난 런던에서 왔소. 영국 대법관청 소속이오. 그리고 난 늘 1등석만

탔소."

　명함을 보여주었지만 차장은 당장 3등석으로 옮기지 않으면 쫓아내겠다고 으름장을 놓는다. 버텨보는 간디. 그러나 다음 역에서 짐과 함께 간디는 플랫폼에 내동댕이쳐진다. 간디를 두고 기차는 떠난다. 백인 승객들의 '쯧쯧' 하는 시선이 날아온다. 간디는 역 주변을 둘러본다. 담요 하나만 겨우 덮고 있는 가난한 흑인들의 모습이 간디의 눈에 들어온다.

　간디는 남아프리카의 인도인들과 힘을 모아 유색인 차별에 저항을 시작한다. 유색인들만 갖고 다녀야 하는 통행증을 모아 태우겠다고 공표한다. 간디는 "우리는 영국 국민으로서 영국 법에 의해 보호받아야 한다"며 평화적으로 싸우겠다고 한다. 그러나 집회가 열리자마자 영국인 경찰들이 주변을 둘러싼다.

　"통행증은 정부 재산이다. 누구든 그걸 태우는 자는 체포한다!"

　간디가 미리 사람들에게서 받아놓은 통행증을 불에 태우려 하자 경찰은 몽둥이를 휘두른다. 통행증이 땅바닥에 흩어진다. 간디는 통행증을 주워 화로에 던지고, 경찰은 화가 폭발해 간디를 때린다. 쓰러지는 간디.


　마하트마 간디. 그의 이름을 들으면 '비폭력'이 대번 떠오를 만큼 간디와 비폭력은 하나로 연결되어 있습니다. 그런데 비폭력 운동을 '무저항'으로 이해하는 사람들도 있더군요. 지하철 플랫

폼 벽에 걸린 '공익광고'에서, 어느 목사님의 말씀인즉 간디는 총한 방 안 쏘고 비폭력·무저항 운동으로 영국으로부터 인도의 독립을 이루어냈다는 겁니다. 그 글은 "사랑은 증오를 이기고 비폭력은 폭력을 이긴다"고 마무리 짓고 있었습니다.

하지만 간디의 비폭력 운동은 결코 저항을 포기하는 게 아니었습니다. 간디도, 인도 민중도 영국과 싸움을 포기하고 사랑에만 호소하지 않았습니다. 오히려 인도의 비폭력 운동은 매우 전투적이고 적극적인 저항 방식이었죠. 총을 들지 않았을 뿐, 그보다 훨씬 큰 용기와 의지가 있어야 했습니다.

만약 인도 민중들이 아무 저항도 안 했는데 영국이 인도를 독립시켜 줬다면 도리어 영국이 칭찬받아야 하는 것 아닐까요? 200년 이상 지배한 식민지를 흔쾌히 포기하다니 신사 나라답다고 해야겠지요. 하지만 영국의 인도 지배는 다른 제국주의 국가에 비해 자비롭지도 온건하지도 않았습니다. 1919년 4월 13일 영국군은 인도 암리차르에서 광장에 모인 군중들이 반영 시위대로 보였다는 이유로 출구를 봉쇄하고 총을 난사했습니다. 그것도 탄약이 다 떨어질 때까지! 이 무자비한 학살로 1천 명 이상이 죽었고 그중 백여 명은 총탄을 피해 우물로 뛰어들다 압사했습니다. 잔학하기로 악명 높은 일본도 이 정도는 아니었습니다.

진실은 이것입니다. 영국이 특별히 도덕적 수준이 높아서 또는 인도 식민 통치의 잘못을 반성해서가 아니라, 통치의 비용이 통치의 이익을 초과했기 때문에 인도에서 물러난 것입니다. 통치의 비용이 늘어난 것은 당연히 인도 민중이 굴하지 않고 저항했기 때문입니다. 간디와 인도 민중이 아무 저항을 하지 않는데 영국이 알아서 물러난 것이 아니죠. 그리고 인도의 사례는 2차 대전 이후 식민지 통치를 포기한 제국주의 국가들에 모두 해당됩니다. 제국주의자들은 절대로 스스로 물러가지 않습니다. 식민지 민중의 저항을 막느라 본국의 재정 기반과 통치 기반마저 파탄날 거라고 예상될 때, 그들은 마치 독립을 선물이라도 하듯이 포장하며 식민지를 떠났습니다.

간디와 인도 민중. 200년 이상 지배한 영국이 인도를 떠난 것은 그들이 도덕적으로 고상해서가 아니라 인도 민중의 독립투쟁으로 인해 더 이상 인도 식민 지배의 실익이 없기 때문이었다. __사진 출처: 「간디」 중에서

# Reading

## 영국의 인도 지배와 저항에 관한 짧은 역사

1.

영국의 인도 침략과
세포이 항쟁

　　　　　인도는 광대한 영토, 찬란한 문명, 풍부한 물산을 지닌 땅입니다. 그러나 인도 근현대사는 영국의 인도 지배로 얼룩졌습니다. 이때의 침략과 지배는 나치 독일이 4년 동안 프랑스를 점령한 것이나 일본이 36년간 조선을 지배한 것과는 좀 다르다고 하겠습니다. 최초의 진출로부터 시작하면 영국은 350년간 인도에 머물렀습니다. 우리나라에서는 "아직 친일파가 제대로 청산되지 않았다"는 말이 많지만, 인도는 독립 이후 친영파를 처단한다거나 청산한다는 건 생각도 할 수 없는 일이었습니다. 아마 그랬다면 영국과 싸우면서도 여러 국면에서 협력한 간디나 네루부터 청산되어야 했을 것입니다. 너무 오랜 지배를 받았기에 인적으로든 제도적으로든 영국과 인도는 복잡한 관계를 맺고 있었습니다. 이를 이해해야 인도 독립투쟁을 이해할 수 있습니다.

영국의 인도 지배사는 크게 세 시기로 나눌 수 있습니다. 첫째 시기는 17세기 초부터 18세기 중엽까지로, 영국 동인도회사가 인도 무굴제국 내에서 상거래를 확대해 가는 기간입니다. 둘째 시기는 18세기 중엽인 1757년 플라시 전투에서부터 19세기 중엽인 1857년 세포이 항쟁까지의 백 년입니다. 셋째 시기는 세포이 항쟁부터 1947년 인도 독립까지입니다. 우리가 주요하게 보려는 시기는 셋째 시기인데, 그 앞의 역사도 간략하게 훑어보죠.

1613년 영국의 동인도회사(East India Company)는 인도 캘리컷에 도착해 무굴 제국(1526~1857)의 허락을 얻어 상관을 설치합니다. 당시 인도는 지금 우리가 생각하는 하나의 국가가 아니었습니다. 무굴 제국은 중앙아시아에서 온 이슬람인들이 세운 왕조로, '타지마할'과 같은 화려한 문화를 꽃피웠지만 인도 구석구석을 통치하는 건 아니었습니다. 수백여 개의 힌두 토호국들이 존재했고 무굴 제국에 충성하는 대가로 봉건적 자치를 허락받았습니다.

풍요로운 무굴 제국은 그리 내세울 것 없는 영국에게 바라는 게 없었고, 무역은 무굴 황제가 저 먼 변방국인 영국 사절에게 내리는 '은혜'였습니다. 반대로 영국 동인도회사는 캘리컷에서 발견한 인도 면직물을 유럽으로 실어 날랐습니다. 이 면직물은 가볍고 아름다워 유럽인들 사이에 인기가 하늘을 찔렀습니다. 영국 동인도회사와 그 회사의 지분을 가진 영국 왕실에게 인도는 보석

●

간디는 '무저항'으로 영국을 몰아냈을까? 간디
의 비폭력주의가 저항을 포기하고 청원이나 호
소로 독립을 끌어낸 거라 말하는 것보다 잘못된
이해는 없다. 간디의 비폭력주의는 총칼에 의하
지 않았을 뿐 훨씬 용감하고 적극적인 저항 방식
이었다.

__사진 출처: 「간디」 중에서

같은 존재가 되었습니다. 영국은 무역의 독점적 이익을 빼앗기지 않으려고, 인도에 진출하려는 포르투갈, 프랑스와 여러 차례 싸웠습니다. 경쟁국을 물리친 영국 동인도회사는 인도 북동부 벵골 지방 캘커타라는 작은 마을 하나를 통째로 빌려 요새화합니다. 그곳을 기반으로 내륙 진출을 하기 위해서지요. 이것은 무굴 제국을 자극했고, 벵골의 태수는 요새를 해체하라고 동인도회사에 명령했습니다.

1757년, 결국 영국 동인도회사 소속 군대와 벵골 태수의 군대가 플라시에서 맞붙었습니다. 플라시 전투에서 동인도회사의 병력 3천 명이 태수의 5만 군사를 크게 꺾는 이변이 벌어졌습니다. 숫자는 적었지만 영국인들은 신무기로 무장했고, 벵골 태수의 측근이 이미 영국에 매수되어 있었습니다. 우연한 승리는 아니었던 것이지요. 동인도회사는 무굴 제국을 위협하여 아예 벵골 지방의 세금 징수권을 빼앗습니다. 동인도회사는 그동안 영국에서 은을 가져와 인도 면직물을 구매했는데, 이제 인도 농민에게 세금을 걷어 그걸로 면직물을 사들여 유럽에 팔면서 막대한 이익을 얻게 되었습니다. 무굴 제국 하에서도 농민들은 수탈당하기는 했지만, 무자비한 상업 논리로 들어온 동인도회사에 의해 벵골의 농촌은 잔혹하게 파괴되었습니다. 농민들의 반발과 동인도회사의 여러 부패 비리 사건들로 영국 사회가 시끄러워지자 영국 정부가 직접 개입했습니다. 보다 안정적인 지배를 위해 기업보다 정부가 주도할 필요가 있었습니다.

18세기 말부터 영국은 본격적으로 인도 내륙을 침략합니다. 영국은 마이소르, 마라타, 아와드, 펀자브 등 토호국들의 영토에 들어가 직접 점령하거나 보호령으로 만듭니다. 이때 영국군의 주요 군사력은 인도인 세포이(용병)였습니다. 인도는 아직 단일한 나라도 하나의 민족도 아니었습니다. 언어와 종교와 문화가 다른 여러 인종들은 '인도인'이라는 공동체 의식이 없었고, 상대적으로 높은 소득을 얻을 수 있는 용병은 인기 있는 직업이었습니다. 그러나 그 세포이가 영국 지배를 끝장낼 뻔한 봉기를 일으키게 됩니다. 그것이 1857년 세포이 항쟁입니다.

세포이 항쟁을 인도의 역사학자들은 '인도 독립전쟁'이라고 부릅니다. 세포이의 숫자는 1857년에 이미 30만 명 이상이었습니다. 영국인 장교가 고작 4만 명이었던 것에 비해 엄청난 규모였지요. 소수의 백인 장교들이 다수의 세포이를 권위적으로 통솔하는 구조였으므로 세포이의 불만이 쌓여 갔습니다. 그러다가 유명한 화약포 사건이 일어납니다. 소총에 사용하는 화약을 담은 봉지를 돼지기름과 소기름으로 방수 처리한 사실이 알려진 것이지요. 무슬림은 돼지를 불결하게 여겨 터부시하고 힌두는 소를 성스럽게 여겨 터부시하는데, 두 짐승의 기름을 섞었으니 양 교도들 모두를 모욕한 셈이었습니다. 이 화약포를 사용할 수 없다고 버틴 세포이들이 큰 처벌을 받자 분노한 세포이들이 들고 일어난 것입니다.

세포이들은 영국인 장교를 살해하고 수도 델리로 진격했습니다. 그들은 델리에서 무굴 제국의 옛 황제를 다시 모시고 제국의 부활을 선언했습니다. 이와 발맞추어 인도 농민들도 대대적으로 봉기하였고, 영국과 타협하지 않은 일부 봉건 귀족들도 봉기에 동참했습니다. 반영 봉기군은 인도 중부를 휩쓸며 몇몇 지역에서는 지주의 토지를 재분배하는 등 급진적인 사회 개혁을 실시했습니다.

인도를 잃을 뻔한 위기에 몰린 영국은 가까스로 반격에 나섰습니다. 그 방식은 반란 세력을 최대한 분리하여 고립시킨 다음 하나씩 쳐부수는 것이었죠. 무굴 제국이 이슬람 왕조였으므로, 힌두에게는 무굴 제국이 복권되면 힌두가 노예가 된다고 선전하고, 무슬림에게는 상대적으로 다수인 힌두가 무슬림을 지배하려 든다고 선전했습니다. 귀족과 지주에게는 토지 소유권을 보장하여 그들이 농민들의 저항으로부터 등을 돌리게 했습니다. 지식인들에게는 낙후한 무굴 제국보다 영국식 서구화가 낫다고 선전했습니다. 결국 일부 세포이와 농민만 남기고 세력들이 이탈했고, 영국은 남은 잔존 반란 세력을 무자비하게 진압했습니다.

비록 반란은 실패했으나, 종교와 문화와 인종과 지방으로 나뉜 사람들이 반란의 용광로 속에서 인도라는 근대적 민족 공동체로 나아가는 계기가 되었습니다. 비겁한 무굴 제국과 봉건 귀족들이 인도를 이끌 수 없다는 생각이 민중에게 각인된 후에 비로소 근대국가를 향한 독립운동이 시작될 수 있었습니다.

## 2.
## 간디의 사티아그라하,
## 영국을 물리치다

1930년 3월 18일, 간디는 자신의 아쉬람(기도와 노동을 함께 하는 공동체)에서 떠날 채비를 한다. 흰 천을 옷으로 두르고 지팡이를 짚은 간디가 밖으로 나오자 그를 따르는 사람들이 손을 모으며 인사한다. "나마스테, 바푸." "나마스테, 바푸."(바푸는 '선생님'이란 뜻.)

"자, 갑시다."

간디는 80여 명의 지지자들을 이끌고 걷기 시작한다.

간디 일행은 수많은 논과 밭을 지나고 마을을 통과한다. 소식을 들은 아이들은 나무에 올라가 간디 일행이 오기를 기다린다. 일행이 마을을 지날 때 여인들이 힌두의 전통 노래를 부르며 물레를 돌린다. 남자들은 합장을 하며 "나마스테, 바푸"를 외친다. 간디의 뒤를 따르는 사람은 수백, 수천, 점점 늘어난다. 바닷가에 당도했을 때 해안이 사람으로 꽉 차 있다. 간디는 해변에 말라붙은 소금 한 줌을 떠 머리 위로 든다.

"여기는 인도양입니다. 인도양의 소금은 인도인의 것이오."

처음에는 그저 상징적인 시위의 하나라고 생각한 영국 총독부는 당혹스럽다. 인도인들이 인도 국민회의의 지도에 따라 스스로 소금을 만들어 팔고 있기 때문이다. 소금은 총독부가 독점한 상품이므로 국민회의의 행동은 명백한 불법 행위였다. 총독은 국민회의 간부들을 체포하고 소금 제조와 거래를 금지하라고 명령한다.

시장에서 소금을 팔고 있던 국민회의 간부들에게 백인 영국 경찰과 그들의 지휘를 받는 시크인 기마경찰이 들이닥친다. 간부들은 경찰이 닥치는 대로 휘두르는 몽둥이에 반격하지 않고 두들겨 맞고 끌려간다. 총독부는 결국 간디도 체포한다.

남은 국민회의 간부들과 간디를 지지하는 인도인들은 계획한 대로 제염소로 행진하기 위해 그 앞에 모인다. 총독부는 제염소 앞에 곤봉 든 경찰을 배치한다. 국민회의 간부 파텔이 앞에 나서서 연설한다.

"저들은 우리가 폭력을 쓰거나 아니면 지레 포기하기를 바라고 있소. 우리는 둘 다 하지 않을 것이오!"

흰 옷을 입은 수백 명의 인도인들은 예닐곱 명씩 줄을 선다. 그리고 한 줄씩 제염소로 다가간다. 경찰이 곤봉을 휘두르자 사람들이 피를 흘리며 쓰러진다. 여인들이 그들을 부축해 옆으로 데리고 가 응급처치를 한다.

이어 다음 줄이 제염소로 나아간다. 이들도 퍽퍽 하는 소리와 함께 쓰러진다. 다시 다음 줄이 전진하고, 그들이 쓰러지면 다시 다음 줄이, 다음 줄이…… 붉은 피로 흰옷이 물드는데도 그들의 행진은 멈추지 않는다.


세포이 항쟁에 화들짝 놀란 영국 정부는 그때부터는 동인도회사를 앞세우지 않고 직접 인도를 통치하기로 합니다. 1859년 빅

토리아 여왕은 델리에서 '인도 여제'로 즉위합니다. 영국의 인도 통치는 세포이 반란을 진압할 때 사용한 '분리 통치' 방식이 기본이었습니다. 힌두와 무슬림을 계속 대립시키고, 카스트 제도를 강화하는 것이었죠. 인도의 전통적 신분 제도인 카스트는 그때까지는 상당 부분 관습적으로만 지켜지는 것이어서 우리가 생각하는 것보다 카스트 간의 경계가 모호했고 카스트 간 이동도 어렵지 않았습니다. 그러나 영국이 인도 사회의 기초를 카스트로 여겨 모든 개개인을 카스트로 구별하고 고정하려 하자 인도인들은 최대한 상위 카스트에 들어가고자 애를 썼고 자신의 지위를 지키기 위해 자기보다 하위 카스트는 차별하는 경향이 강해졌습니다. 영국의 압박과 인도인들의 반응이 카스트라는 신분의 벽을 더 높여버린 것이지요.

또한 영국은 인도인 중간 관리자층을 육성할 필요를 느꼈습니다. 영국의 통치에 이해관계를 갖고 영국에 협력할 이들 즉 인도인 부르주아를 키워내려 한 것입니다. 재산과 지위가 있는 인도인을 대상으로 영어 등 서구식 교육이 확대되었고 차차 인도인 교사, 변호사, 기업가 등이 늘어났습니다. 영국의 지원 하에 1885년 출범한 인도 국민회의는 친영 부르주아들의 단체였습니다. 이들은 자신들의 이익을 위해 때로 영국과 각을 세웠지만, 본질적으로는 영국의 통치를 인정하며 자치를 목표로 하는 단체였습니다. 인도 국민회의를 힌두가 주도했으므로 영국은 인도 무슬림동맹

●
물레를 돌리는 간디. 간디의 물레는 영국의 물건을 쓰지 말고 영국의 행정에 협조하지 말자는 스와라지(자치) 스와데시(자립) 운동의 상징이다. 1930년대 이후 간디는 영국에 대한 비협조를 넘어 '불복종'이라는 더 강한 저항으로 민중을 이끈다.

_사진 출처: 「간디」 중에서

을 1906년에 출범시켜 둘 사이 긴장감을 조성했습니다. 역시 분리 통치의 일환이었죠.

이런 시기에 간디가 등장합니다. 1869년 상인 카스트 집안에서 태어난 간디는 영국에 유학하여 변호사 자격증을 땁니다. 그는 영국의 또 다른 식민지 남아프리카에서 변호사로 개업하는데, 인도에서도 별로 느끼지 못한 유색인 차별을 남아프리카에서 뼈저리게 느낍니다. 상위 카스트이자 중산층 부르주아 가문인 그의 가족은 인도에서는 식민 당국의 파트너 지위를 누렸지만, 남아프리카에서 변호사인 자신, 하층 인도인 노동자, 아프리카인 모두 백인들에게는 3등 인간일 뿐이었죠. 간디는 자신의 정체성에 눈을 뜹니다. 남아프리카에서 영국이 '인도인 등록법'을 실시하며 지문 날인을 강요하자 간디는 이에 반대하는 운동을 주도합니다. 영화에 나오는 통행증 불태우기는 그 하나였지요.

간디 특유의 저항 방법인 '사티아그라하'가 이때 등장합니다. 사티아그라하는 '진리를 드러내다, 진리를 따르다'라는 뜻입니다. 사티아그라하 운동에는 비폭력, 비협조, 불복종이 포함됩니다. 사티아그라하를 따르는 사람은 진리를 믿고 감옥과 탄압을 두려워하지 않습니다. 진리와 함께하는 일이기에 폭력으로 목표를 관철하려 해서는 안 되고 그럴 필요도 없습니다. 영국은 간디의 이 방식에 곤혹스러워합니다. 세포이 항쟁과 크고 작은 농민 반란을 진압할 때 영국은, 야만적이고 폭력적인 인도인으로부터 여성과 문명을 보호하기 위해 불가피하게 무력을 쓰는 것이라고 스스로를 정당화했습니다. 맨손으로 저항하며 탄압해도 굴하지 않는 간디의 방식은 영국에게 매우 낯선 것이었고, 기존의 정당화 논리를 들이대기 힘들었던 것이지요.

간디의 사티아그라하는 폭력에 의지하지 않을 뿐 이처럼 식민통치의 약한 고리를 공격하는 효과적이고 적극적인 운동이었습니다. 남아프리카의 저항으로 유명해진 간디는 1915년에 귀국하여 인도 국민회의의 지도자로 부상합니다. 간디는 국민회의의 여느 지식인, 정치인들과는 달리 인도 곳곳을 여행하며 농민과 노동자를 만났고 소작료 인하 운동과 임금 인상 투쟁을 지원했습니다. 사티아그라하 방식을 통해서요. 간디는 계급투쟁의 관점에 서지는 않았고, 진리와 도덕으로 지주와 고용주의 마음을 바꾸자고 역설했습니다. 이런 간디의 방식에 모두가 동의한 것은 아니고 그가 주도한 운동이 항상 승리한 것도 아니지만, 어느새 간디는 인도 민중의 신앙과 같은 존재가 됩니다. 간디를 잘 알지도 못하는 시골 농부들도 간디가 나타나면 자기들의 고통이 끝날 거라고 여겼습니다. '간디 왕'을 외치면서 간디 왕국은 빚도 사라지고 세금도 없는 낙원이라고 말하는 사람도 있었습니다.

1914년에 1차 세계대전이 터지자 간디와 국민회의는 영국의 전쟁에 협력하는 대신 자치권을 얻어내리라 기대했습니다. 간디는 인도 병사를 모집하여 영국군에 참여시켰습니다. 그들 중 많은 수가 죽고 다쳤지요. 하지만 영국은 전쟁에 이긴 뒤 자치를 허용해 주기는커녕 식민 통치를 더 옥죄었습니다. 식민 당국에 위협이 된다 싶으면 영장 없이 체포하고 구금할 수 있는 '롤래트법'도 통과됩니다. 이에 1919년 4월 6일, 간디는 영국을 향한 전면적인 사티아그라하 운동을 선언합니다. 간디는 식민 당국에 대한 비협력을 인도 민중에게 요청합니다. 영국에서 수입한 옷을 버리고 물레를 돌려 직접 옷을 만들어 입을 것을, 모든 공직에서 사퇴할 것을, 영국인이 세운 학교에 자녀를 보내지 말 것을 호소합니다. 민중들은 광장에 영국산 옷과 상품을 쌓아놓고 불을 질렀습니다. 간디도 솔선하여 물레로 천을 짰습니다. 유명한 '간디와 물레' 사진이 그 장면입니다.

영국은 잔인한 탄압으로 대응했습니다. 앞에서 언급한 암리차르 학살이 이때 벌어집니다. 이에 격분한 군중들이 치우라치우라에서 경찰서에 불을 질러 경찰관 여럿을 살해하는데, 이 소식을 들은 간디는 "우리는 아직 독립을 이룰 만큼 성숙하지 못했다"며 몹시 괴로워합니다. 간디는 사티아그라하 운동 중단을 선언하고, 시위가 완전히 멈출 때까지 금식에 들어갑니다. 인도 국민회의의 간부들이 간디에게 운동을 계속하자고 설득했으나 간디의 결심은 확고했습니다. 운동의 목적 달성을 위해 운동의 도덕성을 포기할 수는 없다는 것이지요. 결국 1919년의 반영 운동은 중단되고 간디는 투옥되었습니다.

1929년, 인도 국민회의는 영국으로부터 '자치'가 아니라 '독립'을 얻기 위해 투쟁할 것을 결의합니다. 그리고 간디는 유명한 '소금 행진'을 시작합니다. 1930년 3월 18일, 78명과 함께 인도 북서부 아메다바드에서 출발한 간디는 3주 동안 380킬로미터를 걸어 4월 6일 새벽 남부의 단디 해안에 도착합니다. 도착할 때 대열은 수천 명으로 늘었지요. 소금 투쟁은 간디와 국민회의의 운동 방식이 '비협조'에서 '불복종'으로 변화했음을 보여줍니다. 비협력이 영국 물건을 안 쓰고 영국이 주는 일자리를 거부하는 것이라면, 불복종은 영국이 금지한 일을 하면서 법을 어기겠다는 겁니다. 총독부가 독점한 소금 생산과 판매를 직접 하겠다는 것이니 비협조보다 훨씬 수위가 높은 투쟁이지요. 소금 투쟁이 전국적인 대중 투쟁으로 커지고, 영국의 탄압으로 사망자가 나오면서도 폭력적으로 변하거나 운동이 꺾이지 않자 영국 정부는 인도 지배의 실익을 고심하게 됩니다.

2차 세계대전이 터지자 영국은 독일, 일본과 싸우기 위해 인도를 동원하려 하는데, 인도 국민회의는 이번에는 협력의 보상으로 독립을 약속할 것을 영국에게 요구합니다. 영국이 들어주지 않으면서 협상은 결렬되고, 간디는 본격적으로 "영국 철수(Quit India)" 운동을 시작합니다. 파업, 폭동을 동반한 대규모 반영 항쟁이 벌어집니다. 영국은 이를 진압하기 위해 엄청난 병력을 대독·대일 전선이 아닌 인도 치안에 묶어놓게 됩니다. 인도 민중의 이번 항쟁은 전과 달리 상당히 공격적이고 폭력적이었는데도 간디는 이를 묵인합니다.

'영국의 왕관에 박힌 보석'이었던 인도가 '영국의 수렁'이 되어 감에 따라, 영국도 곤혹스러웠지만 연합군 수뇌부가 영국을 질타합니다. 중일전쟁이 벌어져 연합군이 인도를 통해 중국에 물자를 지원해야 하는데 인도가 난리통이니 작전을 수행할 수 없었던 것입니다. 이에 미국이 영국에 압력을 넣고, 영국은 결국 전쟁 후 인도의 독립을 약속하게 됩니다. 인도 국민회의는 즉각 영국을 도와 전쟁에 참여합니다. 전쟁이 끝났을 때, 약속도 약속이지만 영국에게는 더 이상 인도를 지배할 힘이 없었습니다. 마지막 영국 총독의 감독 하에 주 선거와 연방 선거가 치러졌고 1947년 독립된 인도 공화국이 수립됩니다. 대의민주주의 선거의 실시 여부를 기준으로 할 때 세계에서 가장 많은 인구를 지닌 민주 국가가 탄생한 것입니다.

 Bridging

1.

간디의 이면 그리고 인도 민중이 역사에 남긴 교훈

1947년 8월 15일, 200년간 이어진 영국의 식민지 통치가 끝났다. 인도 정부청사 앞 게양대에 유니언 잭이 내려가고 녹색·백색·황색의 인도 국기가 올라간다. 수만 명의 군중이 환호성을 지르고 인도 국가를 합창한다. 그러나 그 자리에 '인도 독립의 아버지' 간디는 나오지 않는다. 간디는 적막한 아쉬람에 홀로 앉아 쓸쓸히 물레를 돌리고 있다. 털털털……

인도는 독립과 동시에 인도와 파키스탄 두 나라로 분열되었다. 국경지대에는 인도로 향하는 힌두교도와 파키스탄으로 향하는 무슬림이 수레에 짐과 식구들을 싣고 서로 반대방향으로 향하고 있다.

흙먼지를 마시며 부부가 터벅터벅 걷고 있다. 다친 아이는 어머니의 품속에서 끝내 숨을 거둔다. 아버지의 눈에 핏발이 선다. 그는 소리를 지르며 반대쪽을 향해 걷는 사람들에게 돌을 던진다. 그러자 그쪽에서도 돌이 날아오고, 급기야 양쪽의 남자들이 뒤엉켜 싸운다. 곧 유혈이 낭자해진다.

"무슬림에게 죽음을!"

"힌두에게 죽음을!"

대도시 캘커타에서 서로가 서로를 죽이는 학살극이 점점 악화된다. 여기저기 불이 나고 사람들의 비명 소리가 들린다. 복수가 복수를 끝없이 부른다.

간디는 위험을 무릅쓰고 캘커타로 향한다. 노구의 간디는 모든 인도인들이 적대와 학살을 중단할 것을 요구하며 목숨을 건 마지막 단식에 들어간다.

인도 독립운동에서 간디를 빼놓을 수 없지만 그 이면도 보아야 하겠습니다. 가장 큰 비극은 간디주의가 인도와 파키스탄의 분리를 막지 못했다는 것입니다. 영화 속 혼자 물레를 돌리는 간디의 모습은 인도의 독립이 간디가 원하지 않은 방식으로 이루어졌음을 뜻합니다. 인도는 힌두교도의 인도와 무슬림의 파키스탄으로 쪼개집니다. 이후 동파키스탄이 방글라데시로 다시 나누어지죠.

물론 이렇게 만든 가장 큰 책임은 힌두-무슬림을 분리하는 영국의 식민 지배 전략에 있습니다. 하지만 독립운동의 중심이었던 인도 국민회의가 이런 종교적 차이를 통합해 내지 못한 책임도 있습니다. 인도 국민회의는 힌두가 주도하는 조직이었던 것입니다. 간디는 진심으로 힌두와 무슬림은 한 형제라고 믿고 그렇게 역설해 왔지만, 간디의 방식에 무슬림은 여러 번 불만을 품었습니다. 예를 들어 1919년의 사티아그라하 운동이나 1930년의 소금 투쟁을 국민회의가 이끌어갈 때, 무슬림은 자신들의 이해관계를 접고 운동에 참여했지만 운동은 결국 국민회의만 강화하는 결과로 이어졌던 것입니다. 게다가 간디는 자치의회 선거에 무슬림 독자 선거구 설치를 반대했습니다. 다종교 사회인 인도에 종교별로 독자 선거구를 두는 건 분열을 낳는다는 것이지요. 하지만 힌두가 절대 다수인 상황에서 간디의 생각대로 하면 소수 세력은 의회에서 자신을 대표하기 힘들어집니다.

간디의 중재 노력에도 힌두와 무슬림은 분열했고, 두 나라로 쪼개지는 과정에서 유혈 참극이 벌어집니다. 간디는 고령에도 학살극을 멈추기 위해 죽음을 각오한 단식에 들어갑니다. 이러한 간디의 노력으로 갈등은 잦아듭니다. 국민회의는 인도 내 무슬림의 재산을 동결해 파키스탄의 목을 죄려고 했지만, 간디는 지체하지 말고 그 재산을 파키스탄에 보내라고 국민회의에 촉구합니다.

또 다른 이면은 카스트 제도에 대한 간디의 태도입니다. 간디는 하층 카스트 민중들의 고통을 동정했고 특히 '불가촉천민'으로 불린 최하층 카스트의 처우 개선을 위해 노력했습니다. 간디는 불가촉천민을 '하리잔(신의 아이)'이라 부르면서 그들의 공공장소 출입을 막지 말 것을 호소해 관철시킵니다. 하지만 간디는 카스트 제도도 하나의 전통이기에, 그 자체를 부정하거나 폐지해야

불가촉천민 해방운동의 지도자 암베드카르. 간
디는 카스트 제도 그 자체를 부정하지는 않았다.
물론 간디는 하층 카스트의 차별에 반대했고 그
들의 권익 옹호에 적극적이었다. 그러나 간디가
카스트 제도를 하나의 전통으로 본 반면, 불가촉
천민 출신 암베드카르는 스스로 '힌두'임을 부정
하면서까지 카스트 철폐를 위해 싸웠다.

한다고 생각하지는 않았습니다.

이는 간디가 상위 카스트 출신이라는 점과 무관하지 않을 것입니다. 불가촉천민(닿는 것만으로 부정하다고 여겨지는 최하층 카스트) 출신으로 후에 인도공화국 초대 법무장관이 되는 암베드카르는 어린 시절, 불가촉천민이 물을 만지면 물이 오염된다는 미신을 믿는 마을 사람들에 의해 저수지에서 쫓겨나기도 했습니다. 운 좋게 후원자를 만나 유학을 다녀오고 대학 교수가 되었지만, 암베드카르는 교수 사회에서조차 상위 카스트 출신 교수들에게 따돌림을 당했습니다. 암베드카르는 "물조차 못 먹는 나라가 무슨 조국이냐"고 외치며 평생을 불가촉천민 해방을 위해 싸웠습니다. 암베드카르는 불가촉천민을 '달리트(억압받는 자)'라고 불렀고, 자치의회에서 불가촉천민의 독자 선거구를 요구했습니다. 간디는 이 경우도 무슬림 선거구 설치 요구와 마찬가지로 '하나 된 인도'의 분열을 우려해 반대했습니다. 불가촉천민 집단이 선거구를 요구하며 시위를 벌이자 간디는 이를 자제할 것을 호소하며 단식하기도 했습니다. 암베드카르는 간디의 지도자적 위치를 존중해 선거구 설치 운동을 중단하지만 "야비한 단식"이라며 간디를 비판했습니다.

끝으로, 간디의 비폭력 운동에도 명암이 있습니다. 간디는 농민과 노동자의 투쟁이 격화되면 단식까지 이용해 통제하였습니다. 즉 대중운동을 국민회의의 틀 안에서 벗어나지 않게 조절했습니다. 결과적으로 인도가 독립하였고 그것이 간디의 비폭력 운동 덕분인 것처럼 말해지지만, 세계의 수많은 식민지 독립 과정이 무장투쟁을 동반한 것을 생각하면 오로지 비폭력 운동만이 인도 독립을 얻어낼 수 있다는 일반화는 무리가 있습니다. 게다가 1940년대 "영국 철수" 운동에는 폭력과 방화도 일어났지만 간디는 이를 묵인했지요. 영국이 인도를 포기하게 된 것은 단순히 간디가 주도한 비폭력 운동 때문만은 아니며, 인도 민중이 여러 방식으로 줄기차게 반영 항쟁을 했기 때문입니다.

여러 한계에도 불구하고 간디가 위대한 지도자라는 사실은 부정할 수 없습니다. 국민회의의 여러 인물들이 뛰어난 '정치인'이거나 유능한 '협상가'였다면 간디는 분명 '민중의 스승'이었습니다. 인도 민중은 그를 진심으로 존경했고 그를 믿고 고난을 헤쳐 갔습니다. 간디는 민중들과 마음으로 소통했고 민중들을 총보다 강한 신념과 도덕성으로 무장시켰습니다. 인도 민중들은 간디와 함께, 오랜 마을 공동체 생활로 단련된 단결된 태도로 영국과 싸웠습니다. 인도 독립투쟁은 제국주의 국가들에게 뼈아픈 역사적 교훈을 주었습니다. 침략자는 자신이 지배한 민중에 의해 응징을 당한다는 사실을, 타 민족에 대한 지배는 결코 영원할 수 없다는 것을 말입니다. 오늘날 제 아무리 강대국이라도 쉽사리 식민 통치를 다시 해보겠다고 마음먹지 못하는 것은 그들이 개과천선해서가 아니라 역사적 교훈이 생생히 남아 있기 때문입니다. 인도 민중들은 수백 년에 걸쳐 자신들의 피로 그 교훈을 역사에 새겼던 것입니다.

# 인민은 물이요
# 홍군은 물고기다

## 1934년 대장정과 중국 혁명

「건국대업」(2009)
황건신 감독, 당국강, 장국립 주연

# Scene

## 영화 「건국대업」 속으로

----------------------

영화가 시작되면, 군용수송기가 구름 위를 날고 있다. 전투기가
수송기를 호위한다. 누가 탔기에 그러는 것일까. 기내에는 중국공산당
지도자 마오쩌둥이 생각에 잠겨 창밖을 보고 있다.

1945년 8월 28일 충칭, 공산당과 국민당의 정치협상회담이
시작된다. 두 세력 사이에 일촉즉발 긴장을 누그러뜨려 내전을 막고,
중국을 평화통일하여 민주정부를 수립하는 것이 협상의 목표다.
협상이 열리기 전날의 피로연, 이념과 역사가 전혀 다른 두 당의
지도자인 마오쩌둥과 장제스가 화기애애하게 잔을 부딪친다. 협상에
대한 국민들의 기대를 상징하듯, 화려한 불꽃놀이가 밤하늘을
수놓는다. 다음날, 협상 시작 전에 장제스와 마오쩌둥은 쑨원의 대형
초상화 앞에 만나 악수한다. 두 사람은 모두 중산복을 입고 기자들
앞에 선다.

기자: 오늘 장 주석님과 마오 주석님이 함께 중산복을 입으셨는데, 특별한 의미가 있습니까?

장제스: 중산복은 중산 쑨원 선생이 고안한 정부 공무원의 옷입니다. 마오 주석의 수도 방문을 환대하고 예의를 표하려는 것입니다.

마오: 장 주석과 저는 모두 중산 선생의 제자입니다. 중산 선생의 제자가 같은 옷을 입는 것은 당연한 일입니다.

기자: 앞으로 있을 민주정치 수립을 위한 협상에서 공산당과 국민당이 공통점을 찾을 수 있을까요?

마오: 찾으려 노력하면 반드시 찾을 것입니다. 방금 기자분도 저희의 공통섬 하나를 찾았지 않습니까?


1945년 10월 10일, 정치협상회담 결과의 조인식. 두 당은 중국의 모든 민주 세력들과 함께 국민대표회의를 개최하고, 이를 토대로 민주정부를 수립한다는 내용에 합의한다.

그러나 국민당은 공산당에게 일방적인 무장해제를 강요하고 국민대표회의를 국민당의 들러리로 만든다. '쌍십협정(10월 10일 정치협정)'은 휴지조각이 된다. 공산당이 국민대표회의에 불참한다고 알려오자 장제스는 말한다.

"공산당에게는 당근과 채찍을 줘야 하지만, 마오의 군대만 전멸되면 더는 당근을 줄 필요가 없을 것이오."

한편 마오쩌둥은 연안에서 홍군 병사들에게 연설한다.

"20년 전에 우리는 평화를 위해 무기를 내려놓았습니다. 그 결과는 평화가 아니라 대학살이었지요. 우리는 전쟁을 원하지 않지만, 필요하면 저들에게 전쟁을 강요해야 합니다!"

1947년 3월, 연안 상공에 나타난 국민당 폭격기가 폭탄을 쏟아 붓는다. 연안의 공산당 근거지는 초토화된다. 홍군 병사들은 긴 줄을 지어 퇴각하고, 마오도 담배를 문 채 말을 타고 연안을 떠난다. 협정은 완전히 깨어지고 국공(국민당-공산당) 내전이 시작된다.

마오쩌둥 탄생 120년이 되던 2013년, 중국 관영 매체는 마오쩌둥의 공과 과에 대해 여론조사를 벌입니다. 여기서 중국인의 85%는 마오쩌둥의 공이 과보다 크다는 답을 했습니다. 그의 지도를 따라 강력한 군대와 국제적 위상을 갖춘 '신중국'이 세워졌다는 것입니다. 나이가 많을수록 이렇게 대답했다고 합니다. 문화대혁명의 문제점이 아직 제대로 밝혀지지 않았고, 표현의 자유 수준이 중국에서 취약하다는 점을 고려해야 합니다만, 마오쩌둥이 이끈 중국 공산 혁명이 전통 중국에서 현대 중국으로 가는 중요한 계기가 되었음은 많은 사람이 동의하는 듯합니다.

20세기 전반기 중국은 세 차례 혁명을 거칩니다. 우선 1911년 신해혁명. 이 사건으로 청나라가 무너집니다. 둘째는 1928년 국민혁명. 청나라 몰락 이후 할거하던 군벌들을 제압하고 중화민국 국민정부가 수립됩니다. 셋째가 1949년 10월 1일 중화인민공화국 수립으로 결말이 난 중국 공산혁명. 약 20년간 이어진 공산당과 국민당의 싸움이 공산당의 승리로 끝난 것입니다. 공산당은 국민당에 의해 괴멸 직전까지 몰렸으나 다시 재기했습니다. 1934년의 홍군 대장정은 그 압권이었습니다.

현대 중국을 이해하기 위해서는 중국 공산혁명을 이해해야 하고, 그러기 위해서는 앞선 혁명들과 중국 근현대사를 이해할 필요가 있습니다. 먼저 간략히 이 역사를 짚어보도록 합시다.

"폭탄은 나 마오쩌둥을 죽이지 못해!" 1945년 10월 10일 '쌍십협정'을 맺고 국민당과 공산당은 연립정부를 모색했으나 국민당은 협정을 깨고 공산당 근거지에 폭탄을 퍼붓기 시작했다. 중국 대륙은 내전의 소용돌이에 휩쓸린다.

# Reading

## 아시아의 붉은 용에 관한 짧은 역사

------------------------------

1.

지는 해처럼

몰락하는 청나라

　　　　　　18세기 청나라 인구는 약 4억 5천만 명, 세계 인구의 4분의 1을 차지했습니다. 인구만이 아니라 오랜 역사와 문명, 발달한 행정 제도, 풍부한 물산과 거대 도시 등 중국은 세계의 중심을 자처할 만했습니다. 중국의 주변 국가들은 조공을 바치고 책봉을 받는 시스템을 통해 중화 '패밀리'의 일원이 되었습니다.

　유럽과 중국은 고대부터 교류를 해왔지만, 본격적인 교류는 '대항해시대'에 시작됩니다. 16세기부터 포르투갈, 네덜란드, 영국, 프랑스 상인들이 차례로 중국과 무역을 시도합니다. 1793년 영국의 매카트니는 영국 왕의 편지를 들고 청 황제를 배알하는데, 청 황제는 다른 조공국들에게 시키듯 매카트니에게도 '구고두례(아홉 번 머리를 땅에 대는 절)'를 요구합니다. 매카트니도 나름

'대영제국' 사절이란 자부심이 있어 구고두례를 거부하지요. 실랑이 끝에 영국 왕에게 하듯 한쪽 무릎만 땅에 대기로 합니다. 이를 두고 청나라에서는 예의를 모르는 야만인이라 특별히 봐줬다고 하고, 영국에서는 당당히 국가적 자존심을 지켰다고 했나 봅니다.

물산이 풍족한 중국은 유럽 국가들과 교류에 급할 게 없었습니다. 황제의 은덕으로 유럽인들의 요청을 들어준다는 식으로, 남부 광저우에 무역항 하나를 열어줍니다. 유럽인들은 청나라가 정해 놓은 상인하고만 교류할 수 있었습니다. 하지만 19세기에 유럽 국가들은 산업 강국으로 성장했고, 더 나은 대우를 해달라고 중국에 요구합니다. 그들의 '신사적인' 요구는 첨단 총기와 대포로 관철됩니다. 열강들과의 변화된 관계에 능동적으로 대응할 준비를 중국은 하고 있지 못했습니다.

19세기 청나라 내부에도 두 축의 모순이 긴장을 높여 갑니다. 하나는 만주족과 한족의 긴장입니다. 청나라는 소수 만주족이 다수 한족과 기타 민족을 지배하는 체제인데, 만주족은 정치와 군사를 장악하고 생산적인 활동은 하지 않았습니다. 피지배 민족이 생산한 것을 착취해 부와 권력을 누렸지요. 하기에, 반(反)만주족 비밀결사들이 여기저기 만들어졌습니다. 또 다른 모순은 봉건계급과 그 밖의 계급의 긴장입니다. 청나라의 지배층은 만주족 전제군주 일가와 만주족 핵심 관료, 한족 출신의 중앙 관료 및 지방의 신사(紳士. 지방의 지배층)들이었습니다. 만주족과 한족 엘리트들이 연합한 지배층이 농민·공인·상인들로부터 막대한 세금을 거두고 부역노동을 강요했지요. 농민들은 인구만 많지, 변변한 농기구도 없이 가축처럼 일하고 토호의 횡포와 세금에 시달리는 비참한 처지였습니다. 크고 작은 농민 반란과 소요가 늘 일어났지요. 내부 모순으로 청나라는 안으로 곪아갔지만 지배층은 개혁을 외면했습니다. 여기에 유럽 열강의 침략이 시작되자 지배층은 휘청대기 시작합니다. 1840년 아편전쟁은 무력한 청나라 지배층의 실상을 똑똑히 보여주었습니다.

아편은 영국이 중국에 대한 무역 적자를 뒤집으려고 가져온 것입니다. 19세기 초까지 영국은 중국에서 차를 대량 수입하고 은을 지불했는데, 은의 지불 대금을 감당하기 힘들어지자 인도에서 재배한 아편을 중국에 밀수출합니다. 처음에는 부잣집 자제들이나 손대던 아편이 어느새 농민, 노동자에게도 퍼져 아편 중독자가 천만 명으로 늘어났습니다. 은은 은대로 빠져 나가고 사람들이 일 안 하고 아편을 피우니 경제 꼴이 엉망이 됐죠. 청나라 황제는 강단 있는 관료 린쩌쉬에게 광저우에 가서 아편을 압수하라고 명합니다. 린쩌쉬는 대량의 아편을 물을 부어 폐기하고 영국 상인들을 구금하지만, 영국이 반발하여 아편전쟁이 벌어집니다. 그러나 중국의 군대는 영국의 증기선과 대포의 상대가 되지 못합니다. 영국은 '난징조약'을 조정에 강요했습니다. 영국이 손해 본

아편은 전액 배상하고 항구를 추가 개방하며 홍콩을 영국에 할양하는, 말도 안 되는 불평등 조약이었지요. 청나라가 영국에 무릎을 꿇는 것을 본 프랑스, 미국도 무력으로 압박해 왔고 청나라는 그들에게도 이권을 내주게 됩니다.

청나라 정부가 무력함을 보이자 한족들이 반란을 일으킵니다. 대표적인 민중 반란인 '태평천국의 난'은, 태평천국 교단을 세운 한족 엘리트 홍슈취안이 이끌었습니다. 그는 토지 공유제, 혼인 제도 철폐, 남녀평등 등 급진적인 주장으로 민중들을 모았고, 1850년에 군사를 일으켜 남부 일대를 석권했습니다. 허나 교단 시도자늘이 타락하고 근대 국가의 전망도 갖추지 못하여 점차 고립되더니, 대열을 정비한 청나라 정부에 의해 1864년에 진압되었습니다. 난징에서는 태평천국 교도 수십만 명이 정부군에게 무참하게 학살되죠. 이 사건 뒤로 청나라 정부도 잠깐 정신을 차리는 듯합니다. '스스로 강해지자'는 뜻의 자강운동을 벌이는데, 정신은 중국의 것을 지키고 기술만 서양의 것을 가져와 혁신하려 했습니다. 이 운동을 통해 무기와 군함을 갖추기는 하는데, 1894년 청일전쟁에서 근대화된 일본에게 대판 깨집니다. 체제 변혁 없이 기술만 수입하는 개혁은 한계가 명확했죠. 그래도 자강운동 과정에서 서구 자본주의가 들어오고 노동계급과 전문 엘리트가 생겨납니다.

열강들은 점점 더 거세게 중국으로 밀려듭니다. 영국, 프랑스, 독일, 러시아, 일본도 중국을 갈라 먹으려고 합니다. 이런 외세에 대한 반작용으로 1900년에 비밀결사인 의화단이 봉기를 일으킵니다. 의화단은 주문을 외우면 총알도 피할 수 있다는 신념을 지닌 채 베이징의 외국인과 중국 기독교인을 살해했습니다. 당시 실권자인 서태후는 이 상황을 외세를 물리칠 기회로 오판하여 열강에게 선전포고를 합니다. 하지만 열강이 파견한 연합군은 간단히 의화단을 박살내고 베이징을 점령합니다. 사태 파악을 잘못한 서태후는 도망갔다가 나중에 겨우 돌아옵니다. 중국은 열강의 반(牛)식민지로 전락합니다.

정부의 무력화와 반비례하여 힘을 키운 세력이 신군(新軍)과 매판(買辦)입니다. 신군은 태평천국군 진압과 자강운동 과정에서 성장한 신식 군대이고, 매판은 청나라 정부가 외국과의 교역에서 정부 대행자로 선정한 상인입니다. 매판은 중국의 국익보다는 외국 상인과 자신의 이익을 우선했는데, 이들이 축적한 부가 중국에 투자되어 근대화의 거름이 된 측면도 있습니다. 신군과 매판의 주요 인물들 가운데는 근대 사상을 받아들여 청나라 타도를 바라게 된 이들도 있었습니다.

1905년, 외과의사이기도 한 혁명가 쑨원이 삼민주의를 외치며 일본 도쿄에서 '중국혁명동맹회(동맹회)'를 결성합니다. 삼민주의란 민족주의, 민권주의, 민생주의를 가리킵니다. 각각은 만주족 지배의 청산, 민주공화제의 수립, 민중 생활 수준의 향상을 뜻합니다. 이전의 반청 저항운동이 초보적 민족주의에 머물렀다면 쑨원의 이상은 확실히 근대적이고 서구적이었습니다. 특히 쑨원의 민생주의는 자본주의적 해악에 대한 규제를 분명히 하는 것이어서 사회주의적 성격도 부분적으로 갖고 있었지요. 쑨원은 동맹회를 이끌며 중국 내 비밀혁명조직과도 손을 잡고 외국의 정부 지도자와도 친분을 맺었습니다.

## 2.

### 신해혁명과 국민혁명
### 그리고 중국공산당의 등장

1911년, 후베이성 우창에서 쑨원을 지지하는 신군이 봉기를 일으킵니다. 우창 봉기에 성공한 혁명군은 청나라로부터 후베이성의 독립을 선포했습니다. 도미노처럼, 이미 청나라의 통제에서 벗어나 있던 다른 성들도 독립을 선포합니다. 이것이 신해혁명입니다. 청나라 정부는 이를 보고만 있을 정도로 이미 무력해졌습니다. 혁명이 성공했다는 소식에 미국에서 돌아온 쑨원은, 1912년 1월 1일 중화민국 임시혁명정부를 난징에 수립하고 대총통에 취임합니다. 청나라 정부는 혁명 세력을 진압하고자 북부 군벌 위안스카이에게 도움을 청했습니다. 쑨원은 위안스카이에게, 청 황제를 퇴위시키고 공화제에 동참한다면 대총통 직위를 양보하겠다고 제안했습니다. 이 제안을 받아들인 위안스카이가 청나라 마지막 황제 부이에게 퇴위를 강요하고, 결국 276년 만에 청나라는 문을 닫습니다. 위인스카이는 대총통이 되자, 마음이 바뀌어 황제 자리에 오르고 싶어합니다. 위안스카이는 쑨원에게 등을 돌리고 스스로 제위에 오르지만, 결국 부하의 배신으로 몰락하고 맙니다.

만주족 정부는 무너졌지만, 북쪽에는 군벌들이 제각각 세력을 이루고 남쪽에는 임시혁명정부가 들어서 맞서는 상태였습니다. 북벌이라는 과업을 거쳐야만 통일국가를 세울 수 있었습니다. 게다가 봉건 체제에서 근대화로 나아갈 길은 아직 험난했습니다. 이 시기 지식인들은 중국이 나아갈 길을 결정하기 위해 여러 사상들을 연구하고 소개하였습니다. 공화주의, 민족주의, 사회주의는 단순히 이론으로써가 아니라 열강의 침략을 막고 근대국가를 세워야 하는 현실적 요청에 따라 중국에 들어왔습니다. 북쪽의 베이징 군벌 정부와 일본 사이에 맺어진 '21개 조항'이 중국의 주권을 팔고 이권을 넘겨준 내용으로 밝혀지자, 1919년에 대대적인 항일운동인 5·4 항쟁이 일어납니다. 5월 4일, 베이징 대학생들이 천안문 광장에 모여 시위를 시작하자 노동자, 농민도 합세하였습니다. 이 운동 이후 청년들과 마르크스주의 지식인들이 결합하여 많은 학습 모임이 만들어졌습니다. 이런 기반 위에서 중국공산당 건설 운동이 벌어집니다.

1921년 7월, 군벌 정부의 감시를 피해 중국공산당이 비밀리에 창당합니다. 당원은 고작 57명, 대회에 참가한 대표는 12명이

●
1945년 8월의 마오쩌둥(좌)과 장제스(우). 20년
전 미약한 세력이었던 공산당은 장제스가 이끄
는 국민당과 함께 민족혁명에 동참했다가 장제
스의 배신으로 무참히 숙청당하고 만다. 그러나
마오쩌둥이 이끄는 공산당은 농민의 지지를 받
으며 성장했다. 2차 대전이 끝나고 일본군을 중
국에서 몰아냈을 때, 공산당은 국민당과 어깨를
겨루는 세력이 되었다.
　　　　　__사진 출처:「건국대업」 중에서

었고, 여기에는 청년 마오쩌둥도 있었습니다. 중국공산당 내에는 러시아 혁명으로 수립된 소련과 코민테른의 지도를 따르며 도시 노동자계급을 중시하는 이들이 주류였고, 마오쩌둥처럼 중국의 특수성을 강조하며 농민운동을 중시하는 이들은 비주류였습니다.

중화민국의 건국 지도자 쑨원이 1925년에 사망하고 장제스가 쑨원의 후계자로 등장합니다. 장제스는 쑨원의 유지를 따라, 스스로 총사령관이 되어 1926년에 북벌을 개시합니다. 군벌 타도-민족혁명 과업의 완수를 위해 국민당과 공산당이 손을 잡는데, 이를 국공 합작이라고 합니다. 실상은 세력이 미약한 공산당이 국민당에 개별적으로 들어가는 방식이었습니다. 공산당이 주도하는 농민조합, 노동조합들은 군벌 통치 지역에서 파업과 봉기를 일으켰습니다. 이 싸움 중에 리따짜오 등 공산당 핵심 간부들이 군벌에 살해됩니다. 1927년 장제스는 군벌에 빼앗겼던 난징을 탈환합니다. 도시 내부에서 공산당 노동자민병대가 싸워주었기 때문에 가능한 일이었습니다. 장제스는 난징에 국민정부를 수립합니다. 1929년까지 국민정부는 무력과 협상 양면으로 군벌 점령 지역을 통일하고 국민혁명을 완수합니다.

하지만 공산당은 장제스로부터 배신당합니다. 국민군은 노동자 민병대를 기습하여 수백 명을 살해하고 주요 공산당원들을 체포해 처형합니다. 장제스는, 어차피 이념이 다른 두 세력의 협력이 오래갈 수는 없다고 보고 선수를 친 것입니다. 공산당 지도부가 조직에 반격을 지시하여 여러 도시와 농촌에서 봉기가 일어나지만, 준비되지 못한 봉기는 모두 처참하게 패배합니다. 광둥성 하이루펑에서 공산당은 무리하게 도시 소비에트를 세웠다가 며칠 만에 진압당해 도주합니다. 수많은 당 간부들과 청년 당원들이 희생당합니다.

1937년 중일전쟁에 직면해, 항일투쟁을 위한 2차 국공합작이 이루어지지만, 그전까지 중국은 국민당 1당 독재였습니다. 공산당은 국민당에 쫓겨 간난신고를 겪으며 살아남습니다. 그동안 국민정부는 중국의 산업과 금융업을 성장시켰고, 청나라 시절 열강들과 맺은 불평등조약도 개정했습니다. 그러나 국민정부의 정책은 기본적으로 자기 기반인 도시 엘리트, 자본가계급을 위한 것이었고 인구 대부분인 궁핍한 농민을 위한 것이 아니었습니다. 1930년대 세계 대공황 속에서 국민정부는 노동자와 농민을 더 많이 착취하여 경제위기를 극복하려 했습니다. 중국 민중은 '가난한 사람들의 편'임을 자처하는 공산당으로 기울어졌고, 국민정부는 공산당과 싸울 군사비를 메우느라 민중을 더 착취해 악순환에 빠졌습니다.

 Bridging

1.

홍군은 물고기요
농민은 물이다

　　　　　　　　혁명 이론이 혁명운동을 결정하는 게
아니라, 혁명운동이 혁명 이론을 혁신합니다. 19세기 마르크스주
의는 서유럽 산업 노동자계급을 혁명의 동력으로 보았지만, 농민
의 숫자가 월등히 많고 반(半)식민지 상태에 놓인 중국에서는 다
른 분석과 실천이 필요했습니다. 장제스에게 배신당하고 중국공
산당 지도부는 코민테른의 지휘를 따라 도시 봉기에 집착했습니
다. 반면 마오쩌둥은 농촌에서 착실히 농민운동을 조직했습니다.
국민당의 탄압이 강화되자 마오쩌둥은 중국 남부 후난성과 장시
성 경계에 있는 징강산으로 들어가 그곳을 근거지로 일대의 산
적, 빈농을 규합했습니다. 국민군 사령관의 한 사람인 주더가 혁명
에 투신하기로 결의하고 자기 부하들과 함께 마오쩌둥에게 합류합
니다. 이들의 만남으로부터 공산당 군대인 홍군이 결성됩니다.

공산당 지도부는 코민테른의 노선에 따라 국민정부와 전면전을 벌일 것과, 산업과 토지의 집산주의를 주장했습니다. 하지만 마오쩌둥은 세력이 약할 때는 전면전이 아니라 유격전이 필요하다며, "적이 오면 달아나고 적이 멈추면 공격하는" 방식으로 농촌의 거점을 차근차근 확대합니다. 마오쩌둥 세력은 농민에게 땅을 분배하고 양심적인 지주의 권리는 인정하며 지지를 얻었습니다. 마오쩌둥은 농촌에 자급자족이 가능한 생산 거점(도시에서는 얻을 수 없는), 자신의 뜻대로 움직일 수 있는 정무기구 그리고 군사력을 확보했습니다. 1931년 마오쩌둥을 주석으로 중화소비에트공화국이 수립됩니다. 마오쩌둥은 동시에 공산당 주석에 오릅니다.

"홍군은 물고기요 농민은 물이다." 마오쩌둥이 강조한 말입니다. 농민의 지지 없이 혁명 세력은 생존할 수도 없고, 유격전 같은 전술을 구사할 수도 없습니다. "인민의 것을 절대로 약탈하지 마라"가 홍군의 기율이었습니다. 홍군은, 농민에게 식량을 얻으면 값을 치를 것, 인가에 머물다 떠날 때는 깨끗이 청소를 할 것, 부녀자를 희롱하지 말 것 등의 수칙을 지켰습니다. 수칙 가운데 '문은 반드시 걸어놓고 간다'는 내용이 있는데, 문짝을 떼어 그 위에서 자는 경우가 많아서 떠날 때는 원상복구를 하란 뜻이지요.

공산당 해방구(국민당 입장에서는 공산당 점령 지역)를 파괴하고자 국민군(국민정부 군대)은 1930년에서 1934년 사이 4차에 걸쳐 대

홍군 대장정. 1934년 10월 공산당과 홍군은 1만 킬로미터 대장정을 시작한다. 말이 좋아 대장정이 지 실은 국민당 군대에 쫓겨 달아나는 것이었다. 대장정 끝에 남은 홍군 병력은 10분의 1에 불과 했다. 그러나 가는 곳마다 홍군은 지주의 토지를 농민에게 분배하고 전투 무용담을 뿌리며 대장 정을 전설로 만들었다.

규모 공격을 해옵니다. 홍군은 국민군이 밀고 오면 선선히 밀려나 적을 최대한 끌어들인 다음 유격전으로 괴롭혔고, 이런 식으로 4차례 공격 모두 격퇴했습니다. 분노한 장제스는 자그마치 90만 병력을 동원해 다시 공격했는데, 이때는 공산당 해방구 일대를 철통처럼 봉쇄하고 폭격기와 독가스까지 동원한 초토화 작전을 펼쳤습니다. 이 시기 공산당 내부에서는 코민테른의 지시를 철저히 따르는 이들이 마오쩌둥을 실각시키고 당권을 장악합니다. 코민테른파 지도부는 유격전 방식을 버리고 국민군과 정면승부를 시도했다가 대패합니다. 공산당은 수년 동안의 성과인 남부의 해방구를 버리고 멀리 내륙의 산시성으로 거점을 옮길 것을 결정합니다. 산시성이 소련과 가까워 유사시에 지원을 받을 수 있어서였습니다.

1934년 10월에서 1935년 10월까지, 유명한 '홍군 대장정'이 펼쳐집니다. 대장정이라고는 하지만 실은 대탈출, 대도주였지요. 홍군은 18개의 산, 24개의 강, 12개의 성, 62개의 도시와 마을, 10개 이상의 지방 군벌 포위망을 돌파하며 장장 1만 킬로미터(2만 5천 리)를 이동합니다. 짐을 싣거나 환자를 태우기 위해 말을 사용했으나 대개는 도보행진이었습니다. 먹을 게 없을 때는 가죽 혁대를 삶아 그 물을 마셨다고 합니다. 홍군은 수많은 목숨을 대장정 중에 잃었습니다. 산시성 옌안에 당도했을 때, 홍군 20만 가운데 5만 정도만 남아 있었고 마오쩌둥의 1방면군은 8만 명에서 8천 명으로 줄었습니다. 하지만 대장정은 숱한 영웅담도 뿌렸습니다. 물살이 급한 다이두허를 건너야 하는데, 유일한 쇠사슬 다리의 널빤지를 적이 벗겨내 버렸습니다. 22명의 홍군 특공대가 쇠사슬에 매달려 계곡을 건너 적의 기관총 진지를 폭파합니다. 이런 전과들이 모여 홍군은 국민당 백만 군대에도 지지 않는다는 신화를 창조했고, 또 가는 곳마다 지주를 쫓아내고 농민에게 토지를 나눠줌으로써 민중의 지지를 얻었습니다. 국민군이 농민에게 횡포를 부릴수록 홍군은 "가난한 사람들의 군대"로 자리매김 되었습니다.

대장정 도중 쭌이라는 곳에서 공산당 정치국 회의가 열리는데, 여기서 코민테른파의 교조주의가 비판받으면서 마오쩌둥이 당권을 되찾습니다. 옌안에 당도하여 마오쩌둥은 살아남은 홍군 병사들을 격려하는 연설을 합니다. 이 연설을 듣는 병사들은 눈시울이 젖었을 것입니다. 그들은 고향 친구, 학교 친구들과 같이 세상을 바꾸고자 혁명에 뛰어들었을 것입니다. 그 친구들 중 많은 수는 이미 이 세상 사람이 아닐 때, 살아남은 서로의 얼굴을 쓰다듬을 때 얼마나 감정이 북받쳤을까요.

●
중화인민공화국이 세워지다. 국공내전 초기 국
민당 병력은 430만, 인민해방군(홍군에서 개
칭)은 120만이었다. 그러나 2년 뒤 전력은 역
전된다. 민중의 지지를 받지 못하는 국민군은 패
전을 거듭하고 그 병력이 인민해방군으로 흡수
되고 만 것이다. 미-소 냉전이 개막되던 시기여
서 미국도 중국 내전에 쉽사리 개입하지 못했고
사면초가인 국민당 정부는 끝내 무너지고 만다.
1949년 10월 1일, 마오쩌둥을 국가 주석으로
중화인민공화국이 수립된다.
　　　　　　　__사진 출처: 「건국대업」 중에서

## 2.
## 중국 대륙의
## 하늘로 솟은 붉은 별

1949년 1월, 화이하이 전투가 치열하게 벌어진다. 화포가 작렬하고 탱크가 진격한다. 포화를 뚫고 전진하는 인민해방군(1947년부터 홍군의 바뀐 이름) 병사들.

후방에서 마오쩌둥과 저우언라이 그리고 공산당 중앙 간부들이 전투 소식을 기다리고 있다. 인민해방군 병사 하나가 전보를 들고 숨이 턱에 차서 뛰어 들어온다. 병사는 경례를 붙이고 전보를 건넨다.

"화이하이의 전투 보고입니다!"

저우언라이가 급히 전보를 읽는다.

"화이하이에서 55만 적군을 섬멸하고 두위밍(국민군 사령관)도 생포했다는군요!"

당 간부들이 환호성을 지른다.

"5대 주력군이 모두 무너졌으니 장제스도 이제 끝이군요!"

마오쩌둥은 전보를 다 읽고 담담하게 말한다.

"이제 창강(長江. 양쯔강) 이북에는 더 이상 전쟁이 없어야 합니다."

피난을 떠났던 농민들이 짐을 이고 지고, 수레에 짐을 싣고 마을로 돌아온다.

같은 소식을 전달받은 장제스는 침통해한다. 그는 이미 본토를 버리고 타이완으로 옮길 준비에 착수하고 있다. 이미 패색이 짙어진 국민당 정부는 공산당에게 중국의 남북 분단을 전제로 하는 강화를 제의해 놓았다. 그러나 승기를 잡은 공산당이 그 제의를 받아들일 가능성은 거의 없었다.

장제스가 총통부 관저 바깥의 차가운 계단에 앉아 있다. 장제스의 오른팔이기도 한 아들 장징궈가 와서 말한다. "아버지, 바닥이 찹니다."

"너도 앉아라."

장제스는 아들에게, 자신의 측근을 타이완 주석으로 미리 보냈다고 말한다.

"아버지, 이미 퇴로를 마련하신 것입니까……."

"두위밍의 군사가 전멸했다. 창강을 지킬 수 없겠구나."

"강화 제의를 공산당이 받아들이지 않을 거라고 보세요?"

"입장을 바꿔 생각해 보거라. 너라면 받아들이겠느냐?"


국민정부가 공산당 소탕작전에 심혈을 쏟는 동안, 만주에서는 일본이 야금야금 중국 영토를 침략해 들어왔습니다. 일본은 만주 진출로 경제 공황을 돌파하려 했고, 1931년 일본 관동군은 남만주철도 테러 사건을 조작하여 만주 침략의 빌미로 삼았습니다. 일본은 만주가 마치 중국과 무관한 특별 지역인 것처럼 주장하면서 '만주국'이란 친일 괴뢰국가를 수립합니다. 일본은 청나라 마지막 황제 푸이를 만주국의 꼭두각시 수반으로 삼습니다. 중국 민중이 일본에 분노했지만 장제스는 일본과 싸우기보다 공산당 섬멸에 급급했습니다. 공산당이 옌안에 자리를 틀자 장제스는 국민군에게 옌안 공격을 지시합니다. 민중들은 장제스에게 같은 민족과의 싸움을 멈추고 항일 저항에 나서라고 촉구했지만 장제스는 들은 척도 안 했습니다.

1936년 12월, 공산당 토벌의 독려차 시안에 날아온 장제스를 국민당의 동북군 사령관 장쉐량이 감금하는 사건이 벌어집니다. 애국 군인인 장쉐량은 공산당과 힘을 합쳐 일본에 맞설 것을 장제스에게 요구합니다. 이를 '시안 사건'이라고 합니다. 이 소식을 들은 공산당 지도부는 저우언라이를 시안으로 보내 장제스와 담판합니다. 공산당은 국민당을 공격하거나 비판하지 않겠으니 연합하자는 제의에 장제스가 동의하여 '2차 국공합작'이 결성됩니다. 드디어 전 민족적 항일전선이 만들어진 것이지요.

일본은 중국 내륙으로 노골적인 침략을 감행합니다. 중일전쟁 (1937-1945)이 시작됩니다. 일본군은 속전속결로 베이징을 포함한 화북 지역을 점령하여 국민당 정부와 협상할 생각이었는데, 항일전선을 구축한 국민당 정부는 결사항전을 선포합니다. 초반엔 막강한 화력의 일본군이 우세했습니다. 1937년 12월 난징을 점령한 일본군은 최소 10만에서 30만 명의 중국인을 학살합니다. '난징대학살'로 불리는 사건으로, 일본군은 여성이면 어린아이부터 노인까지 강간, 살해했으며 재미로 '100명 목 베기' 시합을 벌였습니다. 난징에는 일본군의 꼭두각시 정부가 들어섰고, 국민정부는 서쪽의 충칭으로 천도해 항쟁을 이어갑니다.

공산당도 항일투쟁에 나섭니다. 공산당은 국공합작에 따라 쑨원의 삼민주의 지지를 천명했고, '소비에트'라는 해방구 명칭을 포기했으며, 홍군을 국민군의 체계 아래로 배치했습니다. 홍군은 팔로군, 신사군 등으로 이름을 바꿔 국민군의 일부가 되었습니다. 지주 토지를 몰수하는 공산당 정책도 시행을 멈췄습니다. 하지만 마오쩌둥은 공산당 조직과 해방구의 독자적 운영만은 포기하시 않았습니다. 1차 국공합작 때 국민당으로 개별 입당까지 했으나 처참하게 배신당한 기억이 있었기 때문이지요. 홍군은 동북지역에서 치열하게 항일 유격전을 벌이면서 동시에 해방구를 확대하고, 확대된 해방구에서 더 많은 홍군 지원자를 얻습니다. 공산당은 100만의 군사력과 1억 인구의 해방구를 확보했고, 농민들 스스로 토지개혁을 실시하게 하여 그들의 정치의식을 높였습니다. 공산당은 중국의 지도정당으로 부상하고 있었습니다.

중일전쟁에서 중국 인민과 병사 300만이 목숨을 잃었습니다. 일본군 희생자가 약 40만 명이었으니 상대적으로 어마어마한 피해였지요. 그러나 중국은 일본군 총병력 230만 가운데 120만을 중국 전선에 묶어 놓음으로써 2차 대전에서 연합군 승리에 크나큰 기여를 했습니다. 일본으로서는 신속하게 끝나리라 보았던 중국 전선이 늪이 되어버린 셈이지요. 1943년 12월 1일 이집트 카이로에서 미국, 영국, 소련, 중국이 회담을 열고 일본의 항복을 촉구합니다. 전후 영토 문제를 논의하는 중요한 국제회담에 중국이 4대 강국의 하나로 참여했다는 사실은, 중일전쟁을 거쳐 중국의 국제적 위상이 완전히 바뀌었음을 보여줍니다.

1945년 8월 15일 일본이 연합군에 항복하며 중일전쟁은 종결됩니다. 이미 동북 지역을 차지한 홍군은 재빨리 진격해 일본군의 무기와 물자를 접수합니다. 내륙의 충칭에 있는 국민정부로서는 속수무책이었지요. 어제까지 일본과 싸우기 위해 맺었던 국공합작은 끝나고, 이제 전면적 내전이냐 평화적 통일이냐만이 남았습니다. 영화 「건국대업」의 첫 장면인 충칭 정치협상회의가 열릴 때만 해도 국공 연립정부에 대한 기대가 있었습니다. 하지만 무력통일이 가능하다고 본 장제스의 오만함이 내전에 불을 붙였습니다. 수적으로 국민군 병력이 공산군보다 5배는 많았거든요.

초기에 국민군은 옌안을 점령하는 등 승승장구합니다. 하지만 세력 간 우열이 점점 비등비등해지더니 1947년을 지나며 역전되어 버립니다. 국민군 부대가 섬멸되고 포로가 될수록 홍군의 규모와 힘은 커져 갔습니다. 이렇게 된 이유는 우선 장제스의 독주와 오만 때문에 공산당이 아닌 다른 야당 세력들도 모두 장제스에게 등을 돌렸기 때문입니다. 심지어 쑨원의 부인마저 공산당을 지지해 입당할 정도였습니다. 또한 공산당이 가난한 농민에게 토지를 분배하는 정책으로 농민의 지지를 얻어낸 반면, 국민당 정부는 계속된 부패와 경제개혁 실패, 토지개혁 외면으로 인해 민중의 지탄을 받았습니다. 국민당 정부가 중국을 통치할 능력이 없다고 판단되자 미국도 장제스에 대한 지원을 꺼리게 됩니다.

밤하늘에 조명탄이 올라간다. 하얀 빛이 잠시 어둠을 밀어내자 거대한 성곽이 나타난다. 베이핑(지금의 베이징)의 성곽이다. 인민해방군이 베이핑 코앞까지 진격한 것이다.

베이핑이 포위되자, 베이핑의 국민군 수비사령관 푸줘이는 전세가 돌이킬 수 없음을 깨닫는다. 민심이 공산당에게 돌아갔음을 받아들인 푸줘이는 공산당원인 딸을 통해 마오쩌둥과의 평화협상에 나선다. 베이핑의 문이 열리자 마오쩌둥과 공산당 중앙 간부들이 베이핑으로 온다.

베이핑 비행장에서 마오쩌둥은 여러 정치지도자들과 만나 환영을 받는다. 이어 열병식이 거행된다. 인민해방군 수만 병사와 탱크가 붉은 깃발 아래 도열해 있다. 차에 타 출발하려는 마오쩌둥 앞에 한 병사가 나선다. 검게 탄 얼굴의 앳된 청년이다.

"살아남은 이들과 죽은 이들을 포함한 모든 홍군 전사를 대표하여, 경례!"

마오쩌둥은 천천히 경례를 받는다. 혁명투쟁에서 죽어간 수많은 얼굴이 그 병사의 얼굴에 비친다. 병사가 외친다.

"앞으로, 전진!"

도열한 인민해방군 전체가 그 소리를 받아 외친다.

"앞으로, 전진!"

국민정부의 운명은 돌이킬 수 없게 된다. 인민해방군은 포화를 뚫고 창강을 건너, 4월엔 난징을 함락하고 5월엔 상하이를 해방시킨다. 장제스는 공군을 동원해 베이핑을 폭격할 계획을 세우지만, 미국이 국민정부를 지원하지 않겠다는 뜻을 밝히자 계획을 포기한다.

"국민당은 자신의 손에 의해 패배했다……."

장제스는 한탄하며 타이완으로 떠난다.


1949년 10월 1일, 천안문 위에서 마오쩌둥은 중화인민공화국 수립을 선포합니다. '중국의 붉은 별'은 마침내 대륙의 하늘 위로 솟아올랐습니다.

# 무관심에 항의하고자 백화점에 불을 질렀습니다

## 베트남전 반대 운동과 68혁명

「바더-마인호프」(2009)
울리히 에델 감독, 마르티나 게덱, 모리츠 블라이브트로이 주연

# Scene

## 영화 「바더-마인호프」 속으로

------------------------

재니스 조플린의 노래가 흐른다. "신이여 내게 메르세데스 벤츠 한
대만 주세요……."

서독 저널리스트 울리케 마인호프는 누드 해변에서 남편,
두 딸과 휴가를 보내는 중이다. 그녀는 TV에도 자주 출연하는 스타
언론인이다. 파라솔 그늘에서 그녀는 이란 팔레비 국왕 부부의 서독
방문 일정을 대서특필한 잡지를 본다.

마인호프는 신문에 팔레비 국왕비에게 보내는 공개서한을 싣는다.
"'대부분의 이란인들은 여름휴가를 즐긴다'라고요, 왕비님?
이란의 농부들은 1년에 백 달러도 벌지 못하고, 아이들은 14시간씩
카펫을 짜고 있습니다. 정치범에 대한 고문과 비밀재판이 일어나고
있습니다……."

1967년 6월 2일, 서베를린을 방문한 팔레비 국왕 부부를 향해

이란의 인권 억압에 항의하는 서독 청년들이 시위를 벌인다. 그들은 경찰이 설치한 펜스 뒤에서, 이란 왕과 왕비를 풍자한 종이봉투를 머리에 쓰고 "살인자!"라며 외친다. 그들이 던진 밀가루 봉지가 도로에 퍽 터진다. 그 자리에는, 국왕을 지지하는 이란인들이 환영 팻말을 들고 나와 있다.

국왕 부부가 지나가자, 이란인들은 팻말을 치켜들고 반(反)팔레비 시위대에게 다가온다. 갑자기 시위대에게 달려들어 팻말의 각목을 휘두르는 이란인들. 서독 청년들의 머리가 피가 흐른다.

"당신들 미쳤어?"

청년들이 앞에 선 서독 경찰에게 도움을 청한다. 그러나 서독 경찰은 이란인들의 폭력을 지켜볼 뿐이다. 청년들과 이란인들 사이에 싸움이 붙자, 서독 경찰은 기다렸다는 듯 시위대를 공격한다. 기마경찰이 쫓아와 도망가는 사람들을 때려 쓰러뜨리고, 쓰러진 사람에겐 곤봉 세례가 쏟아진다. 무기도 없는 시위대는 물대포를 맞고 나뒹군다. 이 사태는 서독 경찰이 급진 청년들을 노리고 있었음을 의미한다.

"탕." 경찰을 피해 달아나던 젊은 남자가 고꾸라진다.

죽은 이는 자유베를린대학교 학생인 오네조르크, 총을 쏜 경찰관은 칼 하인츠 쿠라스다. 경찰은 오네조르크를 두고 가 버린다. 한 여학생이 오네조르크의 피 묻은 머리를 안고 다급하게 소리친다.

"의사를 불러줘요!"

TV 토론에 나온 마인호프는 말한다. "우리가 경찰국가에 살고 있음이 증명되었습니다." 토론 참가자들은 다들 담배를 물고 있다. 한 참가자가 마인호프를 향해 말한다. "마인호프, 그건 선동이지요." 마인호프는 보수신문 《빌트》지를 펼쳐든다. 학생 시위대를 테러리스트로 묘사한 내용이 큰 활자로 박혀 있다. 마인호프가 말한다. "이게 바로 선동입니다."

울리케 마인호프(좌)와 안드레아스 바더(우). 68혁명의 세례를 받은 이들은 발전한 자본주의 사회인 서독에서 무장혁명을 일으킬 수 있다고 믿었다. 바더-마인호프 그룹 같은 무장 게릴라 조직들은 자신들을 '적군파(red army faction)'이라 불렀다.
\_\_사진 출처: 「바더-마인호프」 중에서

# Reading

## 68혁명에 관한 짧은 역사

1.

베트남 침공에 대한 항의에서
68혁명으로

「바더-마인호프」는 1970년대 서독 좌익 무장 단체를 이끈 실존 인물 안드레아스 바더, 울리케 마인호프에 관한 영화입니다. 간혹 남미나 아프리카에서 무장 게릴라와 정부군이 전투를 벌였다는 뉴스를 듣지만, 선진자본주의 국가인 독일에서 그런 단체가 활동했다는 걸 믿을 수 있나요?

하지만 실제로 그랬습니다. 독일의 대도시 복판에서 바더-마인호프 그룹은 자본주의 체제를 전복하기 위해 무장투쟁을 벌였습니다. 잘 나가던 언론인 마인호프는 68혁명을 겪은 후, '행동하지 않고 말만 해선 안 된다'라는 생각으로 사회적 지위와 가족을 버리고 게릴라 투쟁에 뛰어듭니다. 바더-마인호프 같은 그룹이 독일, 이탈리아, 일본에도 있었고 이들을 '적군파(red army faction)'라고도 합니다. 이들에게 커다란 영향을 미친 68혁명에 대해 이

장에서 얘기해 보겠습니다.

68혁명, 혹은 그 사건을 혁명이라고 보지 않는 시각에서는 68운동이라고 부릅니다. 이 저항운동의 중심에는 미국, 유럽의 대학생들이 있었으며 운동의 시작은 미국의 베트남 침공에 항의하는 것이었습니다. 정부가 탄압하자 운동은 기성 체제와 권위 모두에 도전하며 급진화하였습니다. 청년들은 우파 정부는 물론 혁명성을 잃은 사회민주당, 공산당, 노조 지도부도 비판했습니다. 노동자들도 운동에 참가해 파업과 공장 점거를 벌입니다. 저항운동은 독일, 프랑스, 영국, 이탈리아, 미국, 일본 등 소위 1세계만이 아니라 당시 사회주의 국가였던 체코, 폴란드 등 2세계, 그리고 멕시코, 파키스탄 등 3세계에서도 분출합니다. 프랑스 혁명, 러시아 혁명처럼 대체로 혁명적 사건에는 특정한 나라 이름이 붙지만, 이 사건은 말 그대로 '세계를 뒤흔든 68'이었습니다.

근대의 세계사가 주로 유럽의 시민혁명이 저개발국 등 비서구 세계로 퍼져 가는 과정이었다면, 68혁명은 비서구 세계 민중의 저항이 서구 선진자본주의 국가 내에서 운동을 촉발했습니다. 가난한 농업국가 베트남의 민중들이 세계 최강대국 미국을 쩔쩔매게 만들었고, 섬나라 쿠바에서는 카스트로와 체 게바라의 유격대가 미국의 지원을 받는 군사정권을 무너뜨렸습니다. 농민 게릴라를 이끌고 중국 대륙을 차지한 마오쩌둥과 홍군의 이야기는 그 자체로 신화였습니다. 1968년의 유럽 청년들의 손에는 호치민,

체 게바라의 초상화와 마오쩌둥의 『모순론』이 들려 있었습니다.

68혁명은 한 나라에 국한된 사건도 아니었지만, 한두 사람의 지도자나 당파가 이끌지도 않았습니다. 슬로건과 이념, 목표는 천차만별이었습니다. 역설이지만, 68혁명은 어떤 나라에서도 기존 정부를 무너뜨리지 못했습니다. 하지만 세계적인 사회학자 이매뉴얼 월러스틴은 68혁명을 이렇게 평가합니다. "진정한 세계혁명은 역사상 두 차례 존재했다. 1848년과 1968년이 그것이다. 둘 다 실패했지만, 모든 것을 바꾸었다." 이 평가가 타당한지는 뒤에서 다시 보고, 68혁명의 역사적 배경을 먼저 살펴봅시다.

## 2.
## 우리는 상품이
## 아니라 인간이다

2차 세계대전에서 연합군이 승리한 후, 연합군의 양대 강자 미국과 소련이 세계를 둘로 나눕니다. 이른바 동서 냉전(cold war)이 시작되죠. 세계는 미국이 대장인 자본주의 시장경제 블록과, 소련이 보스인 사회주의 계획경제 블록으로 갈라집니다. 두 나라는 핵무기를 비롯한 막강한 군사력으로 상대편을 견제하고 자기편 안에서는 경찰 노릇을 합니다.

2차 대전의 총 희생자 5천만 가운데 절반이 소련군과 소련 시민이었을 만큼 나치 독일을 패퇴시키는 데 소련의 역할은 혁혁

철학자 미셸 푸코와 장폴 사르트르. 실패했지만
모든 것을 바꾼 68혁명. 서구에서 비서구 사회
로 전파된 근대 시민혁명과 달리, 비서구 사회의
반제국주의 운동이 서구의 청년들에 영향을 주
어 68혁명이 일어났다. 1968년의 서구 청년들
은 미국이 일으키고 그 우방이 돕는 베트남 전쟁
에 반대했다. 거기에 더해 인간을 체제의 톱니바
퀴로 만드는 자본주의 시스템, 정부와 대학의 권
위주의를 격하게 비판했다.

했습니다. 소련군은 베를린으로 진격하며 독일 점령지를 해방했고 베를린에도 미군보다 먼저 입성하였습니다. 전후 독일은 미·영·프 3국이 관할한 독일 서부는 서독(독일연방공화국)으로, 소련이 관할한 독일 동부는 동독(독일민주공화국)으로 쪼개졌습니다. 폴란드, 체코, 헝가리, 루마니아 등 동유럽의 여러 나라들은 소련의 위성국가가 되었고, 러시아에 인접한 발트 3국과 우크라이나 등은 소련 내부로 편입되었습니다. 1949년 중국에서 사회주의 국가가 세워졌을 때는, 세계 인구 3분의 1이 사회주의권으로 묶였습니다.

미국과 소련은 직접 맞붙지 않았을 뿐 한국을 비롯한 곳곳에서 대리전을 벌였습니다. 두 나라의 핵무기 개발 경쟁은 '공포의 균형'이란 무시무시한 불안감을 인류에게 선사했습니다. 공포의 균형이란 어느 쪽이든 핵을 쏘면 상대도 핵으로 반격하여 같이 끝장날 것이므로, 어쩔 수 없이 선제공격을 자제한다는 것입니다. 한편 미국과 소련은 서로를 '뿔난 공산주의자' '제국주의의 돼지'로 비난하면서 안으로는 안보를 내세워 정치적 반대파를 억압하고 패권을 관철했습니다. 미국과 소련의 관계는 '적대적 공생'이기도 했습니다.

한편 1950년~1960년대에 걸쳐 자본주의 역사상 초유의 황금기가 옵니다. 이를 '장기호황'이라고 합니다. 서구 자본주의 국가에서 시작된 호황은 시간을 두고 비서구 세계로도 확대됩니다. 장기호황이 가능했던 이유는, 미국의 천문학적 투자와 미군의 군사적 보호 위에 안정된 세계시장이 형성되었기 때문이고, 한편으로 서국 국가에서 자본과 노동이 타협을 맺었기 때문입니다. 2차 대전 때 유럽에서 나치 독일과 가장 치열하게 싸운 이들은 공산당을 비롯한 좌파 세력이었습니다. 전후 유럽 각국은 이들의 목소리를 무시할 수 없었고 밖에서는 소련이 버티고 있어, 국민들을 달래기 위해서라도 복지국가로 가야만 했습니다. '요람에서 무덤까지'로 알려진 영국식 복지제도나, 독일의 노사공동경영제도는 2차 대전 직후에 만들어집니다. 이들 나라에서는 형태는 다양하지만 정부-노조-기업 사이에 사회적 타협(코포라티즘)이 자리를 잡습니다. 정부는 복지 및 완전고용정책을 실시하고, 기업은 임금을 인상하며, 노동자는 생산성 향상에 협조하는 것입니다. 사회적 타협 구조로 인해 서구 노동자들의 생활 수준은 그 어느 때보다 향상됩니다. 노동자들의 상당수는 자기 집, 자기 차를 갖춘 '중산층'에 진입합니다. 그런데, 궁금해집니다. 살기가 좋아지는데 68혁명은 어째서 일어났을까요.

　냉전과 사회적 타협 체제는 서구 자본주의 사회를 평화롭게 성장시키는 바탕이 되었지만, 동시에 '다르게 생각할 자유'를 억누르는 권위적이고 보수적인 체제였습니다. 이 체제는 청년들을 숨막히게 만들었습니다. 사실, 2차 대전 이후에 서구에서 대학과 대학생 숫자는 크게 늘었습니다. 산업이 요구하는 기술 인력, 전문 인력이 늘었기 때문이죠. 1940년대 영국과 프랑스의 대학생 수는 각 7만 명, 20만 명이었는데 1960년대에는 각 40만 명과 60만

명이 됩니다. 그러나 늘어난 학생에 비해 교육 시설과 교수진은 부족하여 학생들은 콩나물시루 같은 강의실에서 교수도 아닌 대학원생에게 수업을 들었습니다. 학교 당국은 학생들의 일상을 통제했고 정치적 표현은 억압했습니다. 이 상황은 대학생들을 질문하게 만듭니다. 우리는 왜 이것들을 배우는가, 그저 자본주의 체제의 톱니바퀴가 되려고?

1964년, 미국 버클리 대학 학생들의 '자유언론운동(free speech)'은 하나의 신호탄이었습니다. 학생들은 여름방학에 남부로 가서 흑인들의 인권 억압 실태를 목격합니다. 대학에 돌아온 학생들이 그 실태를 동료 학생들에게 알리려 하자 학교 당국은 경찰까지 불러 제지합니다. 학생들은 항의하였고, 급기야 학교 건물을 점거합니다. 학생들은 정치 활동의 자유를 보장할 것과, 체제 옹호적 교육을 중단할 것을 요구합니다. 철학과 3학년생인 마리오 사비오는 유명한 연설을 남깁니다.

"우리는 대학의 '고객'들에게 팔려 가는 상품이 아니다. 그 고객들이 정부든 산업이든 노동조합이든 누구든! 우리는 인간이다!"

서구의 청년들은 자신들을 상품으로 길러낸 사회를 향해 돌을 들었습니다. 그들은 권위적 국가, 관료적 사회, 꽉 막힌 학교, 사람들을 배부른 돼지로 만드는 자본주의 체제에 구멍을 내고 싶었습니다. 문제는, 돌파구가 잘 보이지 않는다는 것이었습니다. 사회적 타협이 기본 메커니즘이 된 선진자본주의 안에서는 체제의

●

"호, 호, 호치민!" 동독 출신 아나키스트 루디
두치케는 서독 학생운동의 리더로 활약했다.
1968년 2월, 서베를린에서 열린 반베트남전 대
회에서 학생들은 북베트남 정부 주석 호치민의
사진을 걸고 이름을 연호한다. 서구 청년들은 비
서구 사회의 해방 운동과 게릴라 투쟁에서 사회
혁명의 가능성을 읽었다. 호치민과 베트남 민중
은 세계 최강대국 미국을 쩔쩔 매도록 만들었고,
카스트로와 체게바라는 십여 명의 게릴라로 시
작해 쿠바 혁명을 성공시켰다.

＿사진 출처:「바더-마인호프」중에서

대안을 찾기 힘들었습니다. 전통적인 좌파 세력, 가령 사회민주당이나 공산당은 이미 혁명을 포기하고 의석 하나라도 더 얻으려는 집단으로 변질되었고 관료적 지도부가 장악한 노동조합은 임금인상과 생산성 향상을 맞바꾸며 노동자들의 자율성을 포기했습니다. 그렇다고 소련과 사회주의 국가들도 대안은 아니었습니다. 스탈린의 대숙청, 동유럽 개혁운동을 탱크로 진압하는 소련군, 세계 혁명을 포기한 채 미 제국주의와 타협에 골몰한 모습…… 대안을 찾는 청년들의 눈에 들어온 곳은 비서구 세계였습니다.

알제리, 쿠바, 중국, 베트남에서 일어난 혁명은 서구 청년에게 강렬한 영감을 주었습니다. 혁명가 체 게바라, 호치민, 마오쩌둥으로부터 청년들은 혁명가의 이상적 모델을 찾았고, 비서구 세계의 게릴라 투쟁으로부터 바위와도 같은 서구 자본주의를 일소할 가능성을 보았습니다. 미 제국주의를 쩔쩔매게 만드는 베트남 민중이야말로 청년들이 찾는 희망이었습니다. 청년들은 베트남전 반대운동으로 결집합니다.

1968년 1월, 베트남 민족해방전선은 '설날 공세'를 벌여 사이공의 미 대사관을 점령합니다. 성조기가 찢기고 민족해방전선의 깃발이 대사관에서 펄럭이는 장면이 TV를 타고 전 세계에 보도됩니다. 반격에 나선 미군이 대사관을 탈환하고 민족해방전선 게릴라들은 많은 희생자를 남기고 도주하지만, 이 사건은 미국과 유럽에서 대대적인 반전 시위의 불을 댕기게 됩니다.

 Bridging

1.

반란의 68년,

금지하는 것을 금지하라

엔슬린 구드룬은 마인호프가 나온 TV 토론을 보고 있다. 구드룬의
거실 벽에는 커다란 십자가가 걸려 있다. 목사인 엔슬린의 아버지는
마인호프가 미국을 비판하자 못마땅한 듯 말한다.

"저 여자는 쓸데없는 말만 하는구나."

엔슬린은 반박한다. "미국은 베트남에 핵무기를 쓰려고 해요. 미
제국주의는 멈추지 않을 거예요. 베트남, 볼리비아, 중동…… 저들은
민중의 친구가 아니에요. 그저 석유를 원할 뿐이죠!"

"난 그만 설교하러 교회에 가야 해."

"그럼 설교를 하세요. 세계 인구의 절반은 제대로 먹지도 못한다고!
그런 상황에서 더 나은 세계에 대한 설교는 무의미하지 않나요?
저들에게 필요한 건 저항이에요!"

엔슬린은 애인 안드레아스 바더와 함께 저항 그룹을 조직한다.

그들 그룹은 사제 폭탄을 백화점 의류 매장에 설치한다. 밤에 폭탄이

터지고, 백화점은 불길에 휩싸인다. 그러나 그들은 곧 경찰에게

체포되고, 법정에 피고인으로 선다. 방청인들은 엔슬린과 바더에게

박수와 환호를 보낸다. 엔슬린이 자신을 변론하러 일어선다.

"우리가 백화점에 폭탄을 설치한 건…… 무관심에 항의하기

위해서입니다. 베트남에서 벌어지는 학살을 모두가 보고만 있습니다."

'사회주의학생연합'의 대규모 반전 집회. 학생들이 강당을 꽉 채우고

깃발을 흔든다. 베트남 독립동맹의 지도자 호치민의 사진이 벽에 걸려

있다. 동독 출신의 아나키스트 루디 두치케가 연설한다. "체 게바라는

'침략당한 민족을 동정하는 게 아니라 그들과 운명을 같이 해야 한다'

고 말했습니다. 우리는 베트남 혁명을 위해 싸워야 합니다. 독일이

미국의 베트남전 수행을 돕지 못하게 막아야 합니다! 파업과 시위를

벌여야 합니다!"

양복 입은 남자가 집회를 방해하려고 단상에 올라와 소리친다.

"우리는 이 모임에 반대한다! 다들 돌아가세요!"

그러나 그의 시도는 수백 명의 야유 소리에 묻힌다. 붉은 깃발이

나부낀다. 학생들은 주먹을 하늘로 뻗치며 연호한다.

"호 호 호치민, 호 호 호치민, 호 호 호치민……."

1968년 4월 11일, 네오 나치 청년이 거리에서 루디

두치케를 저격한다. 두치케는 가슴과 머리에 총알 세 방을 맞고 병원에

옮겨진다. 학생들은 보수 언론 슈프링어 사로 모여든다. 슈프링어 사의 신문인《빌트》지가 루디 두치케 암살을 사실상 선동해 왔기 때문.

학생들은《빌트》지를 운송하는 트럭을 쓰러뜨린다. 신문이 불탄다. 슈프링어 사의 창문은 돌로 산산조각난다. 마인호프는 기자의 직분도 잊고 돌을 든다. 돌을 던지려다 체포된 마인호프는 기자 신분이 밝혀져 풀려난다. 혼자 안전한 곳에 있는 것은 아닌지 자괴심이 드는 마인호프.

한편 두치케의 암살 시도로 인해 독일에서 폭동에 가까운 학생 시위가 일어난다. 이어 프랑스, 미국, 영국, 멕시코…… 후일 68혁명이라 불리는 저항운동이 펼쳐진다.


1968년 2월 서베를린에서 사회주의학생연합이 주최한 '베트남 국제회의'가 열립니다. "둘, 셋, 더 많은 베트남을!" "베트남을 국내로 가져오자!" 같은 구호가 외쳐집니다. 이들은, 베트남전은 베트남만이 아니라 미국과 자본주의 국가들이 세계의 가난한 민중을 상대로 벌이는 전쟁이라고 이해합니다. 베트남전을 멈추려면 서구에서도 혁명을 일으켜야 한다는 것이지요. 서독 학생운동의 리더 루디 두치케가 극우파에게 피격 당하자 베를린, 뮌헨, 아우크스부르크 등에서 대규모 시위가 일어납니다. 빌리 브란트 당시 서독 수상의 아들까지 시위에 나갔다 체포됩니다.

68혁명을 상징하는 사건은 프랑스 '5월 반란'입니다. 대학생들이 시작한 반란에 가까운 시위는 노동자 총파업과 결합해 드골 정부를 붕괴 직전으로 몰고 갔습니다.

프랑스에서도 산업체의 전문 인력 수요와 함께 대학이 늘어났습니다. 당연히 학생복지는 형편없었고, 학생들의 불만은 권위적 학교 당국에 번번이 묵살당했습니다. 여러 학생 그룹들이 교육 개혁 그리고 베트남전 중단을 요구하며 싸워 왔습니다. 소규모로 분산된 이들의 싸움은 5월 3일부터 눈덩어리처럼 거대하게 굴러 갔습니다. 그날, 낭테르 대학의 급진 청년 다니엘 콩방디가 학내에서 베트남전 반대시위를 벌이자 대학 당국이 학교를 폐쇄해 버립니다. 쫓겨난 학생들은 소르본 대학으로 가 그곳 학생들과 연대시위를 벌입니다. 소르본 대학 당국도 학교를 폐쇄하고 경찰 투입을 요청합니다. 학우들이 경찰에 끌려가는 장면에 학생들은 분개합니다. 누가 주도한 것도 아닌데 학생들은 경찰차를 막고 싸웠습니다. 어느새 거대한 덩어리가 된 학생들이 경찰에 대항했고, 최루탄과 돌로 거리는 아수라장이 됩니다. 경찰의 학생 구타 장면이 TV와 라디오로 생중계되었고, 파리 시민들의 여론이 압도적으로 학생들을 지지합니다. 68혁명은 'TV로 생중계된 최초의 혁명'이었습니다.

5월 10일, 학생들은 자동차 100여 대를 뒤집어 바리케이드를 치고 대학가 일대를 '해방구'로 만듭니다. 그러나 이 해방구는 최루탄을 쏘며 공격해 온 경찰특공대에 의해 파괴됩니다. 격렬했던 밤이

"제복을 입은 돼지와는 타협하지 않겠다." 68혁
명이 사그러진 후, 그 운동을 체험한 세대는 여
러 갈래로 다른 선택을 한다. 일부는 제도 속으
로 들어가서 사회를 개혁하려 하고, 일부는 환
경, 성, 문화 등 다양한 영역에서 모순을 드러내
직접행동을 조직한다. 극단적인 일부는 무장 게
릴라 투쟁에 나선다. 바더-마인호프 그룹은 '제
복 입은 자'인 경찰, 관료를 적으로 선언하고 테
러 공격을 한다.
___사진 출처: 「바더-마인호프」 중에서

지나고, 다니엘 콩방디는 라디오 방송국과 전화 인터뷰를 통해 노동조합이 파업을 선언해 줄 것을 호소합니다. 5월 13일, 노동자들이 학생시위를 지지하며 파업에 들어갑니다. 그러나 공산당 계열인 노동총동맹(CGT)의 지도부는 단지 '하루 파업'만 할 생각이었습니다. 그들은 현장 노동자들의 열기에 떠밀렸을 뿐, 학생시위에 그다지 호감을 갖지 않았습니다. 하지만 놀랍게도, 지도부가 파업을 종료했음에도 현장 노동자들은 파업을 풀지 않았습니다. 드골 정권과 타협을 일삼는 지도부를 현장 노동자들이 분명히 거부한 것이지요. 백만 명의 노동자 대열이 파리를 행진했고, 천만 명 이상 파업에 참여했습니다. 학생과 노동자들은 '드골 퇴진' 구호로 뭉쳤습니다.

드골 대통령은 실제로 퇴진을 고려했으나, 군부가 확고하게 드골을 지지하자 자신감을 되찾습니다. 드골은 노조 지도부들에게 파격적인 임금 인상을 제시하여 타협을 얻어냅니다. 파리 그르넬 가에서 정부와 노조가 협상하였으므로 '그르넬 협약'이라고 부릅니다. 노조 지도부와 현장을 분열시킨 드골은 경찰을 투입해 파업 노동자를 공장에서 몰아냈습니다. 사회당과 공산당은 학생시위를 선거에 도움이 안 되는 아나키스트들의 철부지 짓으로 여겼으므로 역시 등을 돌립니다. 5월과 6월에 학생들은 여러 개의 '행동위원회'를 만들어 그 안에서 운동의 진로에 대해 토론을 벌렸고, 여기에는 사르트르나 카뮈 같은 지식인들도 참여했습니다.

파리의 거리마다 68혁명의 이상을 표현하는 낙서들이 쓰였습니다. "상상력에 권력을" "금지를 금지하라" "모든 모험을 폐지한 사회에 남은 모험은 사회를 폐지하는 것" 하지만 노동자들의 파업이 잦아들자 경찰은 학생들이 점령한 거점을 공격했습니다. 운동이 멈추자 보수파는 '질서와 안정'을 외쳤고, 그 메시지는 대중 속으로 파고듭니다. 6월에 치러진 총선에서 드골은 결국 큰 승리를 거둡니다.

이탈리아에서는, 학생시위가 먼저 일어나고 그 바통을 이어 1969년 가을에 대규모 노동자 투쟁이 일어납니다. 일명 '뜨거운 가을'로 불립니다. 공산당, 사회당, 가톨릭 등의 여러 계열로 분열된 노동자들이 통일노조로 단결을 시도합니다. 노동자들은 임금 몇 퍼센트를 올려달라는 요구가 아니라, 공장의 자주적인 관리, 경영자와 노동자의 평등권을 요구합니다. 이 운동은 '아우또노미아(자치, 자율)' 운동입니다. 이 운동 참여자들은 노조 지도부의 관료주의도 날카롭게 비판했고, 같은 직종 노동자들 사이에 존재하는 임금 차별을 철폐하자고도 주장했습니다.

미국에서는 베트남전이 일어난 이래 징집거부 운동이 확대되어 갔습니다. 초강대국 미국이 후진 농업국의 마을과 논밭에 네이팜탄을 퍼붓는 자체도 부도덕적이었고, 징집 대상자가 주로 가난한 사람들과 흑인들이기 때문입니다. 백인 청년들은 대학을 다니고 있을 경우 징집을 면할 수 있었습니다. 베트남 침공과 흑백

갈등, 계급갈등은 서로 이어져 있었습니다.

1968년 4월 4일 흑인 민권운동의 지도자 마틴 루터 킹 목사가 백인 극우파에게 암살당합니다. 킹 목사는 시종일관 비폭력주의를 실천했지만, 그런 킹 목사를 비열하게 암살한 데 분노한 흑인들은 시카고 등 75개 도시에서 폭동을 일으킵니다. 킹 목사는 흑인, 백인이 하나로 통합된 사회를 꿈꿨습니다. 하지만 킹 목사처럼 알려지지 않았지만 중요한 흑인 운동이 있는데, '블랙 파워' 운동입니다. 이것은 흑인의 정체성에 자부심을 갖고, 흑인 공동체를 만들고 지키자는 운동입니다. 그 가운데 '블랙 팬서(흑표범)'는 백인 경찰의 폭력으로부터 스스로를 보호하고자 총을 든 무장단체입니다. 가난하고 일자리도 없는 흑인 청년들이 블랙 팬서의 당원으로 줄 지어 가입하죠. FBI는 블랙 팬서가 테러조직인양 선전했지만, 블랙 팬서는 경찰 폭력을 막고 공동체의 치안을 유지하며 가난한 아이들에게는 무상급식을 제공하는 공동체 자활운동이었습니다. FBI는 집요하게 블랙 팬서를 공격했고, 단원들이 살해되고 체포되면서 블랙 팬서는 해체되고 맙니다.

'프라하의 봄'이라고 들어보셨나요? 사회주의 국가 체코에서 일어난 민주화 운동을 가리킵니다. 체코 공산당 내 개혁파와 민주화운동 세력이 손을 잡고 소련의 영향력으로부터 벗어나려고 시도했습니다. 많은 체코 지식인, 예술가 들이 동참했지요. 하지만 소련은 체코의 자유화와 민주화는 소련의 대(對)서방 방어선에 구멍을 내는 것이라 여겼습니다. 마침내 소련은 군대를 체코 프라하에 투입해 체코 공산당의 개혁파 지도자를 모스크바로 압송했고 민주화 운동에 찬물을 부어 버립니다. 프라하 시민들은 수도를 침공한 소련군의 탱크에 맨몸과 화염병으로 맞섭니다. 격렬한 시가전이 벌어지죠.

멕시코는 1968년 10월 올림픽 개최를 앞두고, 학생들과 노동자들이 민주화를 요구하며 틀라텔롤코 광장에서 점거농성을 벌였습니다. 멕시코 집권당인 제도혁명당은 미국의 비호를 받아 40년이나 집권하며 부패를 일삼아 왔습니다. 올림픽의 성공적 개최로 정권의 정당성을 인정받고 싶던 정부는 군을 투입해 시위대에 기관총을 난사합니다. 200여 명이 죽고 다친 다음에 시위는 진압됩니다. 일본에서는 학생들이 베트남으로 가는 미 항공모함의 정박을 반대하며 투쟁했고, 파키스탄 학생들도 언론의 자유, 정치적 자유를 독재정부에 요구하며 싸웠습니다.

이 사건들이 세계사적인 68년을 이룹니다. 저항은 베트남에서 미국과 서유럽으로, 다시 냉전체제의 하위 국가들로 줄기를 뻗어 갔습니다. 전 세계로부터 반전의 압박이 가해지자, 안 그래도 베트남전의 실익 없음으로 머리를 쥐어뜯던 미국은 결국 북베트남과 평화협정(실은 항복선언)을 맺고 베트남에서 도망칩니다. 이는 베트남 민중의 끈질긴 투쟁의 결과이지만, 한편으로 68혁명의 성과이기도 합니다.

## 2.
## 68혁명 이후,
## 마인호프는 왜 총을 들었을까

마인호프는 엔슬린의 요청으로, 감옥에 갇혀 있는 바더의 구출 작전을 돕기로 한다.

마인호프는 바더를 인터뷰한다는 명목으로, 바더를 경찰의 감시하에 교도소 밖 연구실에서 만난다. 그 틈에 엔슬린 등 바더의 동료들이 연구실을 기습한다. 그들은 감시하는 경찰에게 총을 쏘고, 바더를 데리고 연구실 창문으로 도망친다.

마인호프는 놀라는 척 이들의 탈출을 도우면 그만이다. 그런데 그녀는 열린 창문을 물끄러미 바라본다. 그녀는 엔슬린이 한 말을 떠올린다.

"적과 너 사이에 선을 그어. 제도를 떠나고 다리에 불을 질러."

마인호프는 결심한 듯 창문을 넘는다. 마인호프는 바더 그룹의 대변인이자 공동 리더가 되어, 그룹의 입장을 성명으로 발표한다.

"제복을 입은 자는 돼지다. 우리는 그들과 타협하거나 대화하지 않는다. 그들이 우리를 공격하면 우리도 그들을 쏠 것이다."

바더-마인호프 그룹은 총기와 폭탄을 구해 본격적인 도시 게릴라 투쟁을 시작한다. 그들은 세계 각국의 좌익 무장 조직들과 같이 적군파 (RAF)의 일원이 된다.

바더-마인호프 그룹은 은행을 털고(그들 입장에서는 부자들의 재산을 '몰수'하는 것) 경찰 고위 간부 및 재판장을 살해했다. 그들은 슈프링어 사와 미군 부대에 폭탄을 터트린다. 그들의 활동이 뉴스에 나올 때마다 독일 정부는 초조해한다. 바더-마인호프 그룹을 검거하기 위해 최첨단 기술과 엄청난 인원이 투입된다.

68혁명은 거기 참여한 이들의 의식을 흔들었습니다. 하지만 정치혁명으로 성공하지 못했지요. 68세대들은 자신의 이상을 이어가기 위해 선택지 앞에 놓입니다. 그 선택지의 하나는 '제도 속으로' 들어가는 것입니다. 대학의 학자가 되고, 정당의 활동가나 정치 지도자가 되며, 공공조직의 책임자가 되어 장기적으로 사회 변화를 모색하는 것이지요. 또 다른 선택지는 '신사회운동'이었습니다. 의회 바깥에서 다양한 사회 모순에 직접 행동으로 대항하는 것이지요. 68세대는 전통적인 노동운동이나 사회주의운동과는 다른, 군축운동, 환경운동, 여성해방운동, 동성애자해방운동의 영역을 개척합니다. 직접 행동은, 의회나 정부에 해결해 달라고 호소하지 않고 직접 문제와 맞서는 방식입니다. 영국의 한 공군 기지에 지역 주민 주부들이 몰래 들어가 전투기 부품을 망치로 때려 부수고 격납고에서 파티를 벌인다든가 하는 것이죠. 환경단체 그린피스의 활동가들은 프랑스 정부의 무인도 핵실험을 막기 위해 배를 몰고 핵실험 장소로 진입을 시도했고, 프랑스 해군에 의해 배가 침몰되었습니다. 몇몇 활동가들이 이 사고로 목숨을 잃었지요.

신사회운동이 변신하여 제도정치로 진출하기도 합니다. 1980년, 독일 녹색당은 처음으로 독일 연방의회에 의원을 배출하죠. 독일에 이어 유럽 각국에서 녹색당이 만들어졌고요. 독일 녹색당의 상징적 인물 페트라 켈리는 이런 재미있는 말을 합니다. "우리가 원하는 사회는, 학교에 필요한 돈을 먼저 배정하고 신형 전투기를 살 돈은 공군이 일일찻집을 열어 모금하는 사회입니다."

68세대들의 또 다른 선택지는 영화 「바더-마인호프」에 나타난 '무장투쟁'입니다. 많은 이들이 비현실적으로 보이는 이 길을 걷습니다. 비서구 세계의 게릴라 혁명이 성공한 이유는 산업화가 되지 않은 나라에서는 정부 통제를 벗어나 농촌이나 산간에 거점을 확보하고 싸울 수 있기 때문입니다. 하지만 국토가 도시화되고 첨단 통제 기술이 발달한 선진자본주의 국가에서 도시 게릴라 투쟁은 전술적으로는 효과적인 방향이라고 보기 힘듭니다. 하지만, 기존의 반체제 운동인 노동운동이나 사회주의 정당들이 체제의 파트너로 만족해 버렸을 때, 자본주의 체제를 타도하려는 급진주의자들은 다른 선택지가 없다고 생각했을 것 같습니다.

바더-마인호프 그룹의 투쟁은 서독 사회의 간담을 서늘하게 만들었지만 조직원들이 결국 모두 체포됩니다. 1976년 5월 9일, 마인호프는 감옥에서 죽고 자살로 발표됩니다. 감옥 밖의 동료들은 갇힌 조직원을 구출하고자 서독 경영자협회장 마틴 슐라이어를 납치하여 포로 교환을 요구합니다. 1977년에 한 적군파 그룹은 동료의 석방을 요구하며 루프트한자 여객기를 공중납치 합니다. 여객기가 소말리아에 불시착하자, 서독 특공대가 들어가 납치범을 죽이고 인질을 구출해 냅니다. 얼마 후, 바더-마인호프 그룹의 모든 멤버들이 감옥에서 의문의 죽음을 당합니다. 마틴 슐라이어 회장도 살해되어 버려지고 말죠. 피의 악순환이었습니다. 이런 투쟁은 성공할 수도 없고 대중의 지지를 받을 수도 없었지만, 서구 사회에서 혁명을 일으켜 보려는 마지막이자 처절한 노력이었습니다. 대중의 외면에 고립된 적군파는 1998년 인터넷에 공식 해산을 선언하는 글을 올립니다.

68혁명은 그 운동이 일어난 시점에는 권력을 획득하지도 기성 질서를 무너뜨리지도 못했습니다. 하지만 68운동은 자본주의적 진보와 사회주의적 진보 모두에 내재한 권위주의에 도전하였고, 이를 통해 사회 진보의 의제와 주체를 새롭게 만들어냈습니다. 68혁명은 기존의 테두리를 넘어 민주주의의 이념을 크게 확장했습니다. "모든 억압하는 것에 저항하라!"는 좌파의 구호는 바로 68혁명에 의해 생명력을 얻었습니다.

# 이 정부는
# 여러분의 정부,
# 민중의 정부입니다

## 우고 차베스와 베네수엘라 혁명

「볼리바리안 혁명」(2004)
마르셀로 안드라데 감독, 다큐멘터리

# Scene

## 영화 「볼리바리안 혁명」 속으로
-------------------------

지난 세기에 일어난 네 번의 세계대전.

1차 대전(1914~1918). 2차 대전(1939~1945). '냉전'이라는

잘못된 이름으로 불리는, 그 사이에 149회나 전쟁이 벌어진 3차 대전

(1946~1989). 그리고 4차 대전. 4차 대전은 '자본주의 세계화'다.

자본주의 세계화는 시장에 의한 주권 상실, 민중에 대한 경제 · 군사 ·

미디어의 지배이다.

노엄 촘스키: 자본주의 세계화의 목표이자 결과는 지주, 투자자,

은행가의 지배 시스템을 만드는 것입니다. 이 시스템 속에서 각 나라를

지배할 정책이 만들어집니다.

화면은 베네수엘라의 거리를 비춘다. 집이 없어 거리에 사는

아이들이 쓰레기를 가지고 논다. 맥도날드, 코카콜라, 베네수엘라 국영석유기업 PDVSA의 간판이 지나간다. 베네수엘라는 세계 4위의 산유국이지만, 오랫동안 석유 판매의 이익은 미국 석유기업과 국내 소수 기득권층만이 독점했다. 국민의 80퍼센트는 빈곤선에 처해 있었다.

1989년 2월 27일, 수도 카라카소에서 민중 봉기가 일어난다.

루이스 브리토 가르시아(역사가): 이날 IMF의 정책에 대항하는 직접적이고 폭력적인 저항이 일어났습니다. 봉기는 5일간 지속되었습니다. 수천 명이 희생되었지요.

이 봉기는 '카라카조'라고 불린다. 미친 듯이 뛰는 물가 인상, 살인적인 저임금에 격분한 민중들은 거리로 뛰쳐나왔다. 도로를 장악하고 경찰과 투석전을 벌이는 사람들. 일부는 대형 상점에서 식료품과 생필품을 들고 나온다. 시민들은 상점에서 가져온 고깃덩어리를 거리에서 칼로 잘라 나눈다. 거리 곳곳에 검은 연기가 자욱하다.

1988년에 당선된 카를로스 안드레스 페레스 대통령은 IMF의 구제금융을 받는 대가로 경제 주권을 포기한다. 정부는 IMF의 요구대로 공공정책과 사회보장을 포기하고 공기업 민영화, 생필품 가격 자유화를 단행한다. 하루아침에 버스 요금이 두 배로 솟구친다.

시위에 나선 청년이 카메라를 향해 소리친다.

"우리가 무얼 원하느냐고요? 굶주리지 않는 것입니다!"

페레즈 정권의 대답은 무장한 경찰과 군대의 투입이었다. 경찰 장갑차가 거리에 진입한다. 여기저기 피투성이인 사람이 쓰러져 있다. 경찰 여럿이 맨손의 청년을 집단 구타한다. 아파트 벽에 총탄 자국이 숭숭 나 있다. 사람들은 열 살 아이가 총에 맞아 죽었다고 증언한다. 페레즈 대통령의 연설이 내레이션으로 흐른다. "정부는 국민 모두의 기회를 보장합니다."

20세기 말, 사회주의권이 모래성처럼 무너지고 그 자리를 '신자유주의'라고 불리는 자본주의의 세계화가 덮었습니다. 이 세계화를 주도하는 이들은 미국을 중심으로 한 자본주의 강대국들입니다. 이 세계화는 기업의 이익에 모든 것을 복종시키려 합니다. 국가 주권, 노동자 권리, 민주주의, 공공정책, 문화 다양성 등을 말이지요.

신자유주의 시대에 민중들의 저항도 세계화되었습니다. 민중들은 미국의 거리에서, 유럽의 광장에서, 멕시코의 정글에서, 중국의 공장에서 싸우고 있습니다. 그런데 그 대상과 양상은 매우 복잡해졌습니다. 지난 세기 혁명의 이상이었던 '사회주의 국가'가 실패로 끝나버렸기에, 사람들은 정치권력을 지향하는 운동을 마치 과거로 돌아가려는 몸짓이거나 불가능한 일로 치부하기도

합니다. 정말 더 이상 '민중권력'은 가능하지도, 바람직하지도 않은 일일까요?

저 멀리 베네수엘라에서 들려오는 대답은 "아니오"입니다. 베네수엘라는 민중이 정치권력을 획득할 수 있고 그 권력으로 세상을 바꿀 수 있음을 보여주었습니다. 우고 차베스(2013년 3월 20일 사망)와 베네수엘라 민중이 함께 이끈 그 혁명을 '볼리바리안 혁명'이라고 부릅니다. 라틴아메리카를 스페인 지배에서 해방하고자 싸운 시몬 볼리바르의 이상이, 빈곤과 실업과 폭력 그리고 신자유주의 지배에 맞선 혁명으로 되살아났습니다. "더 이상 대안은 없다"는 신자유주의의 위협 앞에, 볼리바리안 혁명은 '꿈 꿀 권리와 희망을 가질 권리'를 정면으로 제기했습니다.[*]

---

[*] 베네수엘라 여성은행 대표 노라 카스카네다의 말. 「볼리바리안 혁명」 다큐멘터리에서.

# Reading

## 신자유주의에 관한 짧은 역사

1.

미국이 건네는 독사과,

신자유주의

　　　　　　　'신자유주의'는 많이 떠도는 말입니다만, 무슨 뜻인지 참 모호합니다. '신'자유주의니까 자유주의의 새로운 버전이라는 뜻이지요. 자유주의는 군주제와 봉건제에서 벗어나려는 운동과 이념입니다. 신분에 따른 특권과 교회의 지배가 지긋지긋한 사람들, 사상의 자유를 누리고 나아가 돈벌이의 자유도 누리고 싶었던 사람들이 자유주의 운동을 펼쳤습니다. 근대 자본주의는 자유주의 운동의 바탕 위에 발전했습니다. 그래서 초기 자본주의는 기업 활동에 국가는 어떤 제한도 두어서는 안된다고 생각했습니다.

　그런데 기업은 허용된 자유를 이용해 독점자본이 되었고, 독점자본과 국가가 얽혀 나온 제국주의 국가는 약소국을 침략했습니다. 제국주의 국가들끼리 충돌해 전쟁을 벌인 사건이 1차 세계대전이었습니다. 1차 대전이 끝난 1930년대에는 세계 대공황이 닥쳐왔습니다. 그 역시 '자유로운' 자본들이 자기 이익만을 위해 무제한적 경쟁을 벌인 결과입니다. 대공황의 여파에, 독일이나 이탈리아에서 자국민 고통의 원인을 유대인이나 이웃 나라에 전가하는 '파시스트'들이 정권을 잡았습니다. 이 파시스트 세력이 2차 세계대전을 일으켰습니다.

대공황과 2차 대전을 겪은 선진자본주의 국가들은 완전한 자유주의 대신 '통제받는 자본주의', 또는 수정주의로 길을 틉니다. 1950~1960년대, 이른바 '케인스주의' 시대가 옵니다. 이 시기 자본주의는 그 어느 때보다 풍요로운 황금기에 듭니다. 이 '장기호황' 시기에 선진국 정부는 경제에 적극 개입해서 산업을 조정하고, 노동자의 임금인상을 유도하여 구매력을 키워줍니다. 노동자-자본가-정부의 타협이 이루어지고, 정부는 복지정책을, 자본가는 일자리를 제공하며 노동자는 생산에 협조했습니다. 자본주의는 '안정 속 발전'을 구가했습니다.

선진자본주의 국가들이 수정주의를 받아들인 것은 그 체제가 더 많은 '이윤'을 보장했기 때문입니다. 즉 이윤이 더 이상 보장되지 않으면 다시 다른 체제로 간다는 얘기입니다. 그런데 1970년대부터 경기가 침체합니다. 이윤율(자본 투자에 대한 이윤의 양)이 떨어집니다. 선진국 자본가들은 '다른 체제'를 요구합니다. 선진국 정부들은 사회보장 축소, 공공기업 민영화, 금융자본 규제완화, 노-

차베스와 베네수엘라 혁명. 신자유주의 전도사 마거릿 대처 전 영국 총리는 "다른 대안은 없다" 고 강조했다. 21세기 초 남미 베네수엘라에서는 차베스와 가난한 민중들이 놀라운 사회 변화를 이루기 시작했다. 그들은 제국주의 간섭, 기득권 세력과 보수 언론의 방해에 굴하지 않았다. 베네수엘라 민중은 신자유주의를 넘어설 대안을 직접 만들기 시작했다.

사-정 타협 파기, 노동자 해고 등을 통해 자본가의 요구를 만족시킵니다. 신자유주의는 이렇게 나타납니다. 어쨌든 이 방식을 택하자 경기가 살아났고, 2000년대까지 다시 이윤율이 상승했습니다. 그러나 이 경기 부흥은 케인스주의 시대의 호황과 달리 빈부의 양극화가 그 어느 시대보다 심각하게 벌어졌습니다. 부자의 몫은 가파르게 치솟고 노동자와 서민의 몫은 점점 더 줄어들었습니다.

1970년대 이후 선진자본주의 국가들에서 이윤율이 떨어진 이유는 크게 두 가지를 꼽을 수 있습니다. 첫째, 장기호황기에 막대한 자본이 설비와 기술에 투자되어 생산성이 높아지면서 전체 자본에서 '노동력'의 고용은 상대적으로 줄었기 때문입니다. 예를 들면, 한 대만 운영하던 기계를 세 대로 늘린다고 기계를 다루는 노동자 숫자도 세 배로 늘릴 필요는 없겠죠. 생산성이 늘어난 것입니다. 하지만 이윤의 원천은 노동자의 노동력이기 때문에, 전체 고용이 늘어나더라도 투자된 자본에 대비한 노동력의 비중이 줄면 이윤율도 떨어집니다. 둘째, 노동자의 입장에서는 생산성이 늘면 임금도 많이 받는 것이 당연하므로 똘똘 뭉쳐 싸웠고, 자본이 노동자에게 나누어 주어야 하는 이윤의 몫도 점점 커졌던 것입니다.

여기에 최강대국 미국이 국제 헤게모니를 잡으려고 베트남 전쟁을 벌이는 등 달러화를 뿌려댔고, 중동 국가들이 석유수출국기구(OPEC)를 만들어 유가를 올리면서 선진국에서 인플레이션이 일어납니다. 인플레이션은 노동자들에게만 고통을 주는 게 아니라 자본가들도 힘들게 합니다. 갖고 있는 돈 가치가 떨어지니까요. 신자유주의는 이런 여러 배경들 속에 자본이 찾아낸 새로운 이윤 획득 방법이었지요.

하지만 신자유주의가 자연스럽게 받아들여진 것은 아닙니다. 저항하는 노동자들을 탄압하고 노동조합을 파괴하는 무자비한 과정을 거칩니다. 1980년대 미국 레이건 정부는 항공사 노조 파업을 깨고 조종사들을 집단해고 합니다. 영국 대처 정부는 영국 최강인 광부 노조를 깨기 위해 미리 1년간 버틸 석탄을 비축해 놓고 파업을 유도합니다. 광부 노조는 1년간 싸우다가 패했고, 대처는 대대적 구조조정으로 광부 조합원을 20만에서 1만으로 줄여버립니다. 호황기를 거치며 타협에 길든 노동조합이 줏대 있게 대응하지 못한 면도 있습니다. 노동자들이 싸움에서 지자 신자유주의는 거침없이 확산됩니다.

미국은 독사과를 권하는 마녀처럼 전 세계에 신자유주의를 강요합니다. 미국에서 외채를 끌어와 경제개발을 하던 비서구 세계 국가들은 미국이 금리를 올리자 난리가 납니다. 금리가 높은 미국으로 외환이 빠져나갔기 때문이지요. 외환위기로 인해 IMF에 구제금융을 요청하면, IMF는 돈을 빌려주는 조건으로 그 나라에 시장 개방, 천연자원 및 국유산업의 민영화, 기업 구조조정을 요구합니다. 라틴아메리카 나라들은 대개 이런 경로로 신자유주의를 받아들입니다. 신자유주의는 선진국 내부의 양극화를 낳고 이어 선진국/개발도상국 대 후진국 사이의 양극화로 확장됩니다.

다시 말해, 신자유주의 세계화는 각 나라가 민주적 합의를 거쳐 선택한 그 무엇이 아닙니다. 선진자본주의 국가에서는 우파 정부·기업 연합과의 싸움에서 노동자가 패배한 결과였고, 국제적으로는 미국 등 강대국이 비서구 세계 국가에 돈을 빌려주는 대신 협박해 강제로 관철시킨 결과입니다. 달리 말하면, 신자유주의란 어떤 신비하고 초자연적인 현상이 아니기에, 민중의 투쟁에 의해 그리고 정치의 역할에 의해 또 다른 길로 얼마든지 바뀔 수 있다는 것입니다.

 Bridging

1.

차베스와 민중들,
'푼토 피호'에 도전하다


  1992년 2월 4일, 군인들이 반정부 쿠데타를 감행한다. TV 뉴스 속
어두운 거리는 긴장감이 가득하다. 군인들과 장갑차가 대통령 관저로
진입하는 장면이 비친다.


  이리스 발레라(국회의원): 당시에는 쿠데타가 진보적인 것인지,
독재를 지향하는 극우적인 것인지 감을 잡을 수 없었습니다. 2월
4일 사건을 통해 우리는 군대에도 우리 동지들이 있다는 것을 알게
되었습니다.


  쿠데타를 주도한 이는 육군 중령 우고 차베스. 그러나 쿠데타는
실패했다. 얼룩무늬 군복에 붉은 베레모를 한 차베스 중령은 TV에

나와 말한다. 눈매는 단호하고 목소리는 떨림이 없다.

"콤파네로(동지들), 안타깝게도 카라카스의 봉기는 실패했습니다.
더 이상 피를 흘려서는 안 됩니다. 지금은 성찰의 시간을 가져야
합니다. 조국을 위해 더 나은 기회를 기다립시다. 동지들, 사령관인
저의 말을 경청해 주십시오. 무장을 해제하시기 바랍니다. 우리 목표는
달성될 수 없습니다. 여러분의 충성과 용맹, 희생정신에 감사드립니다.
이번 작전 볼리바리안 운동과 관련한 모든 책임은 제가 지도록
하겠습니다."

쿠데타군은 무장해제당하고 체포된다. 차베스도 감옥으로 간다.
그러나 그의 신념과 부하를 위해 책임을 지는 태도는 국민들에게
강렬한 인상을 남긴다. 차베스는 단번에 대중의 인기를 사로잡는다.
1994년에 석방된 차베스는 1998년 대통령 선거에 출마, 58.7%의
지지로 당선된다. 그는 광장에 모여 환호하는 지지자들에게 말한다.
"제가 아니라 여러분이 이 정부를 이끌어가게 될 것입니다. 이
정부는 민중의 정부, 볼리바리안 정부입니다!"

베네수엘라 현대사는 석유를 빼고 얘기하기 힘듭니다. 베네수
엘라는 현재(2013년)도 수출 이익의 90퍼센트 이상이 석유에서
나옵니다. 차베스가 집권하여 펼친 개혁도 베네수엘라가 산유국

이라서 가능한 게 아니냐고 냉소하는 사람도 있습니다. 하지만 베네수엘라보다 더 석유가 많이 나는 사우디아라비아와 러시아에서는 왜 민중정권이 나오지 않을까요? 환경이 한 사회의 역사에 큰 영향을 주지만, 환경과 민중의 역량, 뛰어난 정치 지도자의 상호작용을 보지 못하면 결코 베네수엘라 혁명을 이해할 수 없습니다.

20세기 초까지 베네수엘라는 지방 카우디요(토지 부호, 지방 권력자)들이 할거했습니다. 중앙정부는 실권이 거의 없었지요. 1차 대전 시기에 베네수엘라에서 석유가 발견되어 국유화되면서 상황이 바뀌었습니다. 정부는 석유개발 이익으로 중앙권력을 강화했고 자연스럽게 지방 세력들의 힘은 약화되었으며 도시화가 빠르게 진행되었습니다. 20세기 중반에 쿠데타로 군사정권이 들어섰는데, 이어 부르주아들과 자유주의 엘리트들이 힘을 합쳐 군사정권을 몰아냈습니다.

새 정권 하에서 1958년 '푼토 피호(Punto Fijo)' 협약이 맺어집니다. 푼토 피호란 '안정'을 뜻합니다. 자유주의 정당(민주행동당)과 더 보수적인 정당(기독사회당)이 맺은 일종의 신사협정으로, 군부의 기득권을 보장하는 대신 그들의 정치 개입을 막고, 노조 관료들에게도 일정한 정치적 지분을 주는 대가로 현장을 통제하게 하였습니다. 실상 두 정당이 안정된 환경에서 번갈아 집권하기 위한 협약이었습니다. 공산당 등 좌파 세력, 가난한 노동자와 민중의 정치적 참여는 배제한 '그들만의 협약'이었습니다. 그럼에도 이 협약은 정치적 안정을 가져왔고, 1970년대 유가 폭등이 겹쳐 베네수엘라는 '좋은 시절'을 누립니다. 기득권 세력은 막대한 석유 수입의 일부를 복지로 돌려 민중을 길들였습니다.

허나 1980년대가 되자 미국이 금리를 올리고 국제 유가도 떨어져 베네수엘라는 성장 정체, 부채 증가에 직면합니다. 결국 외환위기를 당해 페레즈 정부는 IMF의 구제금융을 받는 대신 가혹한 구조조정안에 서명합니다. 페레즈 정부가 복지를 해체하고 긴축을 강요하자 민중의 삶은 악화되었고, 정부가 국영석유기업까지 민영화를 시도하자 민심은 폭발하기에 이릅니다. 영화 장면으로 소개했듯이, 1989년 2월 27일 수도 카라카스에서 봉기가 일어납니다. 고임금을 받는 노조 관료들과 달리 대부분의 시민들은 저임금의 날품팔이 노동자였습니다. 이들이 거리로 뛰쳐나왔습니다. 어떤 정당이나 언론도 대변해 주지 않은 그들은 판자촌(바리오) 공동체로 스스로를 조직했습니다. 카라카스 봉기는 페레즈 정권에 의해 살인적으로 진압되었습니다. 공식적으로 300명, 비공식적으로 3천 명이 사망했습니다.

이 봉기는 민중을 각성시켰고, 그 배경으로부터 시몬 볼리바르의 이념을 중심에 둔 운동이 발전했습니다. 시몬 볼리바르가 스페인에서 독립한 라틴아메리카 통일국가를 꿈꾸었듯, 베네수엘라 민중은 미국과 페레즈 정권이 강요하는 신자유주의 지배로부터 해방을 꿈꾸었습니다. 이 운동은 '볼리바르 혁명운동'이라 불리었고, 이 운동을 지지하는 세력이 군대 내에도 조직되었습니다. 조직을 이끈 이는 우고 차베스였습니다. 1992년에 차베스는 반정부 쿠데타를 일으켰고 실패하여 구금됩니다. 하지만 TV로 전파된 그의 당당한 면모는 민중의 가슴을 두드렸습니다.

1993년에 페레즈 대통령이 공금 횡령으로 실각하여 대통령 선거가 치러졌는데, 후보들이 모두 "당선되면 차베스를 석방하겠다"고 공약했습니다. 차베스의 인기가 그만큼 높았던 것이지요. 당선된 라파엘 칼데라 후보는 공약대로 차베스를 전격 석방했습니다. 그를 뜨겁게 환영하는 민중과 손잡은 차베스는 새로운 방식, 즉 쿠데타가 아닌 합법선거를 통해 볼리바리안 혁명을 추진하기로 합니다. 차베스는 지지 세력들과 정치연합인 MVR(5공화국운동)을 결성하고 1998년의 대통령 선거에 뛰어듭니다.

차베스는 석유산업의 완전한 국유화, 민중 참여를 통한 새 헌법의 제정(제헌)을 핵심 공약으로 내세웠습니다. 특히 제헌은 푼토 피호 협정의 유산인 보수양당제의 청산을 위한 것이었습니다. 보수 미디어들이 모함하고 비난했지만 차베스는 선거에서 승리합니다. 그러나 이는 볼리바리안 혁명의 시작에 불과합니다.

## 2.
## 차베스,
## 절대 물러서지 말아요

차베스 대통령이 49개 개혁 법령을 통과시키자 과거의 특권층은
이빨을 드러내며 반발한다. 경영자들과 노조 관료들은 개혁 법령
철회를 요구하며 파업에 들어간다. 주류 미디어는 차베스를 '독재자'
'정신병자'라고 비난한다. 상류층과 일부 중산층은 원래 빈민들의
시위 방법인 '냄비 두드리기 시위'를 벌인다. 그들은 차베스를
공산수의자라고 부른다.

차베스에 대한 기득권층의 증오가 끓고, 차베스를 지키려는 민중의
투지도 끓는다. 4월 11일, 친차베스 시위와 반차베스 시위가 동시에
열렸다. 이날, 대통령 관저로 향하던 반차베스 시위대에 누군가 총을
쏘았다! 깃발 든 여성이 쓰러지고, 미디어는 차베스를 향해 '살인자'
라고 부르짖는다. 군부가 바로 기자회견을 열어 차베스의 퇴진을
촉구한다. 백악관도 "비무장 시민에 대한 공격"을 비난한다.

그러나 반차베스 시위대를 향한 총격은 군부의 자작극이었다.
그들은 저격수를 배치해 반차베스 시위대와 친차베스 시위대 양쪽에
총을 쏘았고, 친차베스 시위대가 응사하는 장면을 미디어로 유포하여
마치 먼저 쏜 것처럼 조작했다.

4월 12일, 군부는 쿠데타를 일으켰다. 차베스는 모처에 감금되었다. 경총 대표 페드로 까르모나 에스탄가가 대통령에 '스스로' 취임하는 장면이 TV에 나온다. 쿠데타 세력의 대변인은 차베스 정부에서 선출된 모든 공직자들의 권한을 정지한다고 선포한다. 대통령, 국회의원, 판사, 검찰총장까지! 새 헌법으로 정해진 '베네수엘라 볼리바르 공화국' 이라는 국명도 다시 베네수엘라 공화국으로 되돌려졌다.

좌파 운동가, 정치 지도자들은 '다시 독재로 돌아가는구나'라고 생각하며 숨을 궁리를 한다. 그러나 민중은 숨지 않았다. 4월 13일, 사자가 포효하듯 엄청난 사람들이 거리로 쏟아져 나온다. "단결된 민중은 패배하지 않는다!" "민중은 차베스를 원한다!" "아무도 까르모나를 선출하지 않았다!"

시위대는 쿠데타 세력이 장악한 대통령 관저로 향한다. 쿠데타 군의 진압으로 50명 이상이 희생당한다. TV에서는 할리우드 영화만 틀어준다. 주류 미디어를 믿을 수 없는 민중들은 대안 미디어를 찾아낸다.

글렌다 앵굴로(급진신문 발행자): 쿠데타 직후 SOS를 알린 것은 대안 라디오들이었죠. 우리는 휴대폰의 암호화된 문자 메시지로 서로 소통했습니다. 그리고 오토바이로 소식을 전파했죠!

청년들이 모는 오토바이가 골목을 누비며 사람들에게 시위대가 어디로 가는지 알려준다. 쿠데타 세력들이 상상도 못한 방식으로, 민중들은 신속하게 모이고 움직였다. 시위에 참여한 여성은 말한다. "차베스가 사임했다고 하더라도 나는 그것을 받아들일 수 없습니다. 우리가 그를 뽑았으므로 그는 맘대로 사임할 수 없어요. 우린 서로에게 책임이 있습니다. 우린 차베스와 함께 하고 차베스는 우리와 함께 합니다!"

분노한 사람들이 대통령 관저를 에워싼다. 일부는 병영으로 향한다. 차베스에게 충성하는 대통령 경호부대가 시위대의 편에 선다. 경호부대 장교가 쿠데타 세력에게 최후통첩을 한다. "까르모나에게 알립니다. 즉각 관저를 떠나시오!"

거대한 민심에 까르모나와 쿠데타 세력은 겁먹고, 관저를 슬금슬금 나와 도주한다.

카리브해의 섬에 감금된 차베스를 구출하러 특공대 헬기가 떠난다. 4월 14일, 돌아온 차베스가 민중 앞에 선다. 그는 감격한 목소리로 말한다.

"민중은 증명했습니다. 그들은 볼리바르를 따르는 위대한 민중이라는 것을!"


1998년 당선된 차베스는 약속대로 새 헌법 만드는 일을 시작합니다. 차베스는 칠레 아옌데 정부가 겪은 운명에서 교훈을 잊지 않았습니다. 1970년 사회주의자 살바도르 아옌데는 합법적 선거로 칠레 대통령이 되었으나, 의회, 군부, 관료기구를 장악한 기득권 세력 때문에 제대로 개혁을 추진해 보지도 못하고 우익 쿠데타에 무너졌습니다. 베네수엘라에서도 보수 양당 체제와 관료 체제는 굳건했습니다. 이를 무너뜨리려면 정치의 틀을 완전히 새로 짜야 했습니다.

1999년, 차베스는 제헌 여부를 묻는 국민투표를 실시하여 압도적 찬성을 얻습니다. 보수 양당이 장악한 기존 의회는 자동으로 해산되었습니다. 다음으로 제헌의회 구성을 위한 선거를 실시하였고, 130석의 의석 가운데 120석을 MVR 후보와 친차베스 후보가 차지했습니다. 제헌의회가 민중권력과 민주주의를 골자로 한 새 헌법안(볼리바르 헌법)을 만들자 민중은 마을공동체, 인터넷, 정치포럼 등의 장소에서 헌법안 토론을 벌였습니다.

새 헌법은 대통령 소환 국민투표 등 직접민주주의를 강화했고, 동시에 1년 기한의 대통령 특별입법권을 허용하여 개혁 추진에 힘을 실었습니다. 상하원으로 나뉜 의회를 단원제 의회로 통합했고, 석유 자원의 국유화를 명시하였으며, 산업구조를 사기업·국유기업·협동조합 등 다양한 주체로 구성함을 밝혔습니다. 주민들이 참여하는 지역 공동체위원회를 제도적으로 인정했습니다. 나라 이름은 '베네수엘라 볼리바르 공화국'이 되었습니다. 다시 국민투표를 실시해 새 헌법의 가부를 물었고 물론 통과되었습니다. 다음해인 2000년 7월, 새 헌법에 따라 대통령과 국회의원을 뽑는 '슈퍼선거'가 치러집니다. 차베스는 대통령에, MVR 소속 후보들은 대거 국회의원에 당선됩니다. 2년 사이에 5번에 걸친 전국적 투표에서 차베스는 모두 승리했습니다! 베네수엘라 민중들의 각성과 참여가 이를 가능하게 했습니다.

차베스는 2001년 한해 대통령 입법권을 이용해 49개의 개혁 법령을 직접 만듭니다. 대통령 입법권이란 야당의 견제를 받지 않고 개혁을 추진할 수 있는 강력한 조치입니다. 기득권 세력인 야당은 반민주적 행위라 비난했지만, 개혁의 칼을 빼들었다가 기득권층을 설득하지 못해 다시 집어넣는다면 그건 민중의 요구를 거스르는 것이겠지요. 대표적인 법령은 탄화수소법(석유산업의 국가 소유를 50% 이상으로 못 박고, 수익을 민중에게 배분하도록 정함), 어업법(연근해 대형 어선의 저인망 어업을 막아 영세 어민 보호), 토지법(경작하지 않는 개인이 소유한 토지에 중과세하고 유휴토지를 몰수하여 가난한 농민이 경작할 수 있도록 지원), 각종 '미션'의 근거 법령 등입니다. 미션 프로그램은 사회적 약자들을 위한 맞춤형 복지 정책이면서, 이를 뛰어넘는 의미가 있었습니다. 이 프로그램들은 미션 바리오 아덴뜨로(저소득층에게 무상 의료를 제공), 미션 로빈슨(저소득층에게 초등교육 지원), 미션 리바스/수크레(중등교육 및 대학교육 지원) 등입니다. 그동안 정부의 복지 정책은 지방정부와 행정 관료들을 통해 제공되었고, 그 과정에서 관료들은 기득권화했지만 정작 민중들은 제대로 지원을 받지 못했습니다. 차베스의 미션 프로그램은

행정 관료를 거치지 않고 지역 주민공동체와 정부가 직접 협력하는 것입니다. 주민들은 프로그램의 수동적인 대상이 아니라 변화의 주체가 됩니다. 그만큼 지방 관료와 기득권층의 힘을 빼앗는 것이기도 합니다.

기득권 세력들이 반격해 옵니다. 2002년 4월의 경영자 파업과 군부 쿠데타는 아직 이렇다 할 업적이 없는 차베스를 '한방'에 보내버릴 수도 있었습니다. 그러나 영화에 나온 것처럼, 베네수엘라 민중들은 숨지도 도망가지도 않고 용감히 싸웁니다. 에스탄가와 쿠데타 세력들은 삼일천하조차 못해 보고 꽁지가 빠지게 도망치거나 체포되었습니다. 구금되었던 차베스는 살아서 돌아왔습니다. 민중의 위대한 승리였지요.

2002년 12월에 다시 자본가 파업이 일어납니다. 국영석유회사 경영진과 노조 관료들이 주도한 파업으로 한겨울에 난방을 위한 석유 공급이 중단됩니다. 그러나 민중은 고통을 견뎌냅니다. 차베스가 판자촌을 방문했을 때 한 할머니가 차베스에게 말합니다. 그 할머니는 침대 다리를 떼어 장작으로 태우는 중이었습니다. "우리는 앞으로 문을 떼어 요리를 할지도 몰라요. 하지만 차베스, 절대로 물러서지 마세요."

단결한 민중과 차베스가 무릎을 꿇지 않자 석유 파업은 실패합니다. 차베스는 국영석유회사 간부, 노조 관료들을 해고해 버립니다. 기득권 세력들은 자충수를 놓은 셈이었지요. 쿠데타로도,

자본 파업으로도 안 되자 기득권 세력들은 새 헌법에서 차베스를 공격할 무기를 찾습니다. 대통령 소환투표 말입니다. 2004년, 차베스 반대파들은 대통령 소환투표, 즉 탄핵투표를 성사시킵니다. 하지만 투표 결과는? 차베스에 대한 국민의 재신임이었습니다! 차베스는 기세를 몰아 2006년 대선에도 승리합니다. (새 헌법은 대통령의 2선 연임까지 인정합니다)

차베스는 '21세기 사회주의'를 천명합니다. 그의 21세기 사회주의는 과거의 공산 독재, 현재의 시장 독재를 모두 거부하는 아래로부터의 참여민주주의이며, "자본주의 내부에서 자본주의를 변혁"하는 것입니다. 또한 차베스는 라틴아메리카 좌파 정부와 중도 좌파 정부들을 외교적으로 결집하는 일에 매진합니다. 미국이 주도하는 미주자유무역협정의 확대를 막고 대신 차베스는 '카리브해·라틴아메리카 대안적 무역협정(ALBA)'에 각 나라들의 참여를 끌어냅니다. 2011년에는 '라틴아메리카·카리브해 국가공동체(CELAC)'가 발족합니다. 시몬 볼리바르의 꿈, 자주적인 통일 라틴아메리카의 꿈에 한걸음 다가선 것이지요. 라틴아메리카는 늘 미국에 종속된 역사를 밟아왔지만, 이제는 놀랍게도 아메리카 전 대륙에서 미국이 고립되어 버리는 일이 벌어졌습니다.

# 3.
## 여전히 진행 중인
## 베네수엘라 혁명

차베스 정권 내내 차베스의 반대파들은 여전히 야당과 주류 미디어를 중심으로 뭉쳐 있었습니다. 볼리바리안 혁명의 위대한 점은 반대파를 숙청하지도, 언론을 틀어막지도 않고 철저히 민주적인 과정을 거치며 전개된 것입니다. 이를 가능하게 한 베네수엘라 혁명의 힘은 무엇일까요?

베네수엘라 혁명은 정치 지도자인 차베스, 지역마다 뿌리내린 공동체위원회 그리고 '볼리바리안 서클'들, 이 세 주체의 협력 구조 속에 진행되었다고 할 수 있습니다. 볼리바리안 서클은 새 헌법을 토론하고 공부하는 시민 모임에서 시작된, 자발적으로 조직된 정치결사체입니다. 베네수엘라에는 이 서클들이 10만 개 이상 있으며 서클 구성원들은 선거, 캠페인, 시위에 적극 참여합니다. 공동체위원회는 법적 인정과 정부의 지원으로 2010년에 이미 4만 개 이상으로 늘어났습니다. 각 위원회는 지역이나 마을 단위에서 필요한 복지 프로그램이나 저소득층을 위한 일자리 프로그램을 예산을 지원받아 직접 계획하고 실행합니다. 15세 이상인 시민은 누구나 위원회에서 의결권을 갖게 됩니다. 차베스는 정치권력의 핵심에 있지만, 보수 정당과 관료 조직과 주류 언론 등 여러 기득권 조직이 차베스를 포위하고 있었습니다. 이 포위를 역전할 수 있었던 것은 아래로부터 조직된 주민 공동체들, 자발적인 시민 정치 조직의 힘 그리고 차베스와 그들의 동맹이었습니다.

차베스는 2006년에서 2012년까지 임기에서 21세기 사회주의 건설이란 목표에 따라 주요 기업의 국유화를 추진하고 공동체위원회 및 협동조합 기업을 늘리는 일에 매진했습니다. 아쉽게도 국유화된 기업들은 생산성과 혁신성이 높지 않았습니다. 그리고 국유화할 기업을 차베스가 일방적으로 발표하는 방식은 자본가들의 반발을 불렀습니다. 차베스의 임기에 실업률이 떨어지고 국민소득이 오르는 등 가시적인 성과도 있었지만 고질적인 양극화나 관료들의 부패·비리는 쉽게 해결되지 않았습니다. 차베스는 자신이 시작한 개혁을 끝까지 밀고 가기 위해 반대파의 비난을 무릅쓰고 개헌을 통해 대통령 연임 제한을 철폐합니다. 차베스는 2012년 대선에 다시 한 번 출마하여 또 당선됩니다만, 암으로 투병하다 2013년 3월에 사망합니다.

차베스의 죽음으로 다시 치러진 대통령 선거에서 차베스를 계승한 노동운동 지도자 니콜라스 마두로가 승리합니다. 마두로는 볼리바리안 혁명을 계속 이끌어 나갈 것을 천명했지만, 현재 베네수엘라의 상황은 그리 좋지 못합니다. 국제 유가의 폭락과 미국의 경제 제재로 베네수엘라는 심각한 경제위기를 겪고 있습니다. 생필품이 부족해 민중들이 암시장을 찾고 있으며 이를 기회로 여긴 반정부 세력들은 연일 시위를 벌이는 중입니다.

베네수엘라의 내일을 함부로 예측할 수는 없습니다. 하지만 분명한 것은 차베스가 죽었다고 해서, 경제가 어렵고 미국이 압박한다고 해서 차베스 임기에 이루어진 일들이 쉽게 무너지지는 않으리라는 것입니다. 이 혁명은 차베스 한 사람의 카리스마나 능력에 의한 게 아니라 각성하여 행동하는 민중이 만들어 왔습니다. 민중은 공동체위원회로, 볼리바리안 서클로, 협동조합으로 조직되어 있고 자신들이 이루어낸 변화를 지키고 발전시키려는 의지가 분명합니다. 베네수엘라 혁명은 아직도 진행 중입니다.

베네수엘라 혁명의 미래는? 세계 경제의 침체와 유가 하락은 산업의 석유 의존도가 높은 베네수엘라 경제를 바닥으로 끌어내렸다. 이 상황은 베네수엘라 혁명의 진전을 잠시 중단시키는 것처럼 보이지만, 풀뿌리 민주주의로 단련된 민중은 그리 쉽게 차베스 개혁의 성과를 포기하지 않을 것이다. __사진 출처: 「볼리바리안 혁명」 중에서

# 열여덟을 위한 세계 혁명사

1판 1쇄 발행 2016년 1월 25일

지은이 | 오준호
펴낸이 | 조영남
펴낸곳 | 알렙

출판등록 | 2009년 11월 19일 제313-2010-132호
주소 | 서울시 강서구 공항대로45길 101 강변샤르망 202-304
전자우편 | alephbook@naver.com
전화 | 02-325-2015
팩스 | 02-325-2016

ISBN 978-89-97779-58-1  43900